Spotlight

焦點力

吸引力法則╳畢馬龍效應╳心理暗示

打造迷人氣場的11堂練習課

林庭峰——著

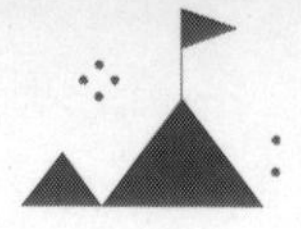

目錄

目錄

二、做你自己，使內心強大

三、氣場修練之終極實戰

四、增強個性魅力，擁有足夠的吸引力

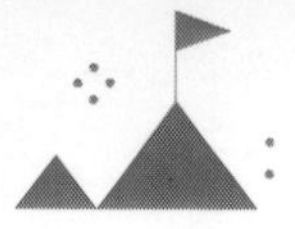

前言

我們在日常生活中，經常會發現這樣的現象：有的人雖然相貌並不是很出眾，服裝也不是那麼搶眼，而且他們也沒有怪異誇張的行為舉止，可是在茫茫人海中，他們卻能讓我們感受到與眾不同。

他們朝氣蓬勃，充滿自信的同時也帶有幾分謙遜低調，端莊優雅的同時又不失親和自然，專注內斂的同時也不失活力和熱情，總讓人感覺他們身上散發著耀眼的光芒。不管走到什麼地方，他們都會吸引身邊人關注的目光，成為大家喜愛和歡迎的對象。

這是為什麼呢？他們究竟是依靠什麼來吸引身邊人的目光呢？其實，他們依靠的就是自身所形成的強大氣場，強大的氣場讓他們產生了積極的、巨人的吸引力。

那什麼是氣場呢？其實，氣場就是存在於我們身體周圍的能量，它以人的身體為中心，從內而外向各個方向散積極的態度從哪裡來發。也就是說，氣場就是別人從我們身上感受到的感覺，在一般情況下，我們的性格、氣質、情緒、目的、精神面貌、心理狀態等等，都會透過我們的氣場展示和傳遞給別人。

對每個人而言，他們都有自己的氣場，只是各自氣場的強弱有所不同，那些氣場強大的人，可以讓自己身上散發出的這種能量影響到周圍許多人，給予他們積極的影響；氣場弱的人則可能只會讓這種能量浮在身體外表，這樣的話，他們的氣場往往就戰勝不了外界的因素，而且很容易被外界的因素影響和操控。而對於氣場強大的人來說，他們則更容易掌控自己，也更容易走向成功。

其實，氣場是一個人的性格、氣質和價值觀等方面的綜合體現，它所釋放出來的能量，有積極的，也有消極的，有讓人羨慕的，也有讓人厭惡的。我們的氣場，體現了我們的精神世界和生命經歷。那些氣場強大的人，通常都是在生活中經歷了很多，他們每前進一步或者每遇到一次困難，都會做出積極的感悟、總結和改變，經過不斷的修煉，才形成了現在讓人羨慕的自己。

雖然人們的氣場各不相同，但想讓自己的氣場變得強大而美好，這是每個人的願望。可是提升氣場並不是一件很容易的事。它需要我們在不斷的經歷、思考和感悟中慢慢提升自我。世上沒有什麼氣場是最強的，但有更強的，所以，我們需要用自己的一生不斷提升自己的氣場。

增強我們的氣場，請從現在開始吧。我們的身體和心靈越健康，自己的氣場力就越強，於是受到的外界干擾就會越小，我們也就越有力量去做自己要做和想做的事，這樣一來，我們也就更容易走向成功。

本書對修煉和培養氣場而言，可謂是我們的最佳選擇。在本書的帶領下，我們將會破解氣場的祕密，掌握進行氣場訓練的各種技巧，學會恰當的運用氣場來增強我們的親和力、提升我們的影響力，為自己贏得廣泛的人脈、為自己打通財富的道路，從而走向成功的人生。

一、改變一切的終極力量

同樣是人，差距怎麼這麼大

氣場到底是什麼？其實它可以是吸引力，總能將別人的目光聚焦在你身上，無論你是什麼類型的人，只要有強大的氣場，就能吸引到大眾的目光；氣場也可以是一種希望，在你人生的征途中，為你保駕護航，為你壯膽，為你提神，給你成功的力量。

氣場是每個人身上都能體現出來的。只是每個人的氣場都有自己的特點。無論你的氣場能給你帶來好運還是不順，它對每個人而言都有著舉足輕重的作用，它比你整天放在口袋裡的精美名片還要重要得多。

在一位成功學專家的身上，曾經發生過這樣一件事：

在他小的時候，有一次跟隨父親去了一場酒會。這場酒會的場面宏大，有很多名人都參加了。當時的與會者，尤其是一個個珠光寶氣的女嘉賓，還有許多頂尖的商人和政客。一個個參加者，無不顯示出強大的財力和權力。

就在這個時候，有一位女士入場了，她的到來，讓剛才所有的富貴景象頓時都失去了光彩。讓人一看上去，就覺得她全身光芒四射，好像她有一種強大的魅力，讓每個人的目光都投向了她，大家都被吸引住了，並且都情不自禁的走向她，希望能和她握手，希望能和她交談，甚至覺得能被她看一眼，也是很大的榮幸。

雖然當時這位成功學家並不知道那位女士的名字，可是，她就像一個聚光鏡似的，從身上散發出來的魅力，不得不讓他人投以敬佩的目光。

案例中的那位女士就是一個氣場強大的人。所以，倘若你還不明白什麼是氣場，上面的案例中的那位女士已經為我們提供了最好的答案。氣場就像一個人頭頂的光環，就像案例中的那位女士留給人們的印象一樣。

雖然每個人都是獨一無二的，但是我們都可以讓自己產生像那位女士一樣的魅力，都能像她一樣光彩照人。顯然，每個人都擁有這樣的潛力。一個優秀的人身上，總能展現出驚人的聚光能力，當然，你和那些優秀人也不是相隔千萬里，而是只差一步。

你可能很羨慕周圍的交際好手、職場紅人，你對他們總是羨慕又嫉妒，他們在平日裡，表現活躍，幾乎什麼時候都能如魚得水，無論是在上司、客戶、還是同事和朋友的眼裡，他們都是大家稱讚和欣賞的對象。人人都樂意和他們一起工作，都樂意和他們做朋友。似乎他們能呼風喚雨，要什麼就有什麼。好像上天總是關照著他們似的，不管做什麼事都能輕而易舉的取得成功。也許，你只是一味的羨慕和嫉妒他們，而對自己並沒有多大的期望。

「我也可以的。」可能你內心會這樣對自己說。

但是長期的不自信，讓你又馬上推翻了自己剛才的心理，轉而改為：「那是不可能的，我怎麼能達到那種程度呢？人家的能力太強了，我還差得遠呢！」

倘若這樣的想法成了你的習慣，恐怕你這一生都只能在羨慕和自卑之中度過了。因為你的氣場就不夠霸氣，而是脆弱的。所以，好事就會繞開你走，而壞事卻總是找你——做什麼事，伴隨你

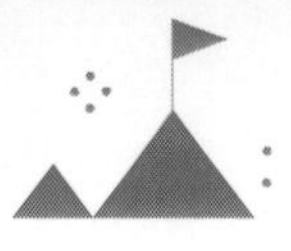

的都是一系列的不順，你都會撞失敗的牆撞得頭破血流。可是那些人恰恰相反，他們往往生活品質步步提升，工作上游刃有餘。

同樣是人，差距怎麼這麼大呢？其實原因很簡單，就是因為你沒有強大的渴望，沒有足夠的勇氣去做出改變。你沒有為自己的氣場注入活力，反而讓消極的氣場左右了你。所以，你應該從現在開始，讓自己形成這樣的意識：充滿期待，渴望自己成為擁有非凡氣度的人、渴望自己成為內外兼修的人。當你產生了積極上進的思想火花，就能點燃氣場的星星之火。

氣場充滿了神祕，因為有的人總能依靠它取得成功，而偏偏有的人卻總是不能如意；但其實氣場也是如此的簡單，人人都能依靠它獲得走向成功的入場券。只是你沒有意識到它能賜予你無窮的力量，只是你沒有拿出自己百倍的信心去充實它。所以，它就會以失敗來回饋你。

展現你的個人魅力

氣場就是一個人的內在修養和外在行為的總和，它是由先天因素和後天因素共同形成的。先天因素主要包括人體的各種器官、神經系統和大腦等。這些是形成氣場的泉源。而氣場的後天因素很廣泛，既包括了環境、家庭、學校和社會，又涉及到了文化、經歷、年齡、職業和飲食習慣等方面，這些都能影響到一個人的氣場。

在氣場形成的過程中，每個人不但要積極的在實踐中去鍛練自己，還要讓自己的主動性得到充分發揮。展示出我們的理想、興趣、勤奮以及迎難而上的意志力。

對於任何人而言，氣場都是逐漸培養出來的。大家都知道，古代的時候，大家閨秀的言行就要有大家閨秀的風範，這就是她們的氣場。當今社會，雖然不會要求女子向古代一樣遵守各種繁雜的規矩，可是培養自己的氣質，讓自己的氣場更強大是我們每個人的都應該做的。氣場是展示自己的一扇窗。要讓他人從這扇窗中看到一個值得欣賞的你，那就要在平日裡多看書、多思考，多和他人交流，不斷汲取發展自己氣場的營養。氣場的培養是一個循序漸進的過程。不是僅僅幾個月的時間就能形成的，而是需要長久的累積，一年、兩年甚至更久。

氣場可以展現出人的個人魅力。它不是依靠單純的外在就能表現出來。雖然化妝可以改變容貌，可是若把自己的全部都交給化妝，那就是弄巧成拙的表現了。

其實，在社交過程中，誰不想讓自己成為大家眼中的亮點？誰不想讓自己吸引別人的目光？當然，這並不是靠暴露和誇張的打扮來實現的。每個人的氣場都是不同的，要讓他人覺得你與眾不同，並不需要自己刻意的去做，這就像河流中的水一樣，追求的就是自然。倘若你能做得非常自然，無論誰看了都會說你很美。

眾所周知，魚之所以能在水中自由沉浮，依靠的就是鰾。但是，水中就有一類生物並沒有鰾，卻依然能自由沉浮。這類生物就是鯊魚。

鯊魚為了能自由沉浮，牠們就始終讓自己的肌肉處在運動狀態。通常情況下，只要鯊魚停止游弋，牠們的身子就會迅速下沉。所以，在需要上浮的時候，它們就依靠肌肉的運動而不斷的游弋。

倘若鯊魚在水中停止游動，就會因缺氧而死亡。有一種白鰭真鯊，還能自由調節自己身體中的鹽分，所以這樣的鯊魚無論是在淡水還是海水中都可以自由生活。牙齒是鯊魚獲取食物的利器，而且可以無限制的增長和再生。一條鯊魚的口中甚至可以生長出三百多顆牙齒，而且這些牙齒都有極強的感知能力，遠處有什麼獵物，牠們可透過水中的氣味和磁場來進行辨別。

因為牠們經常運動，所以牠們的肌肉越來越發達，體格也日益健壯，就成了「海洋霸王」。

鯊魚在海洋中如此強勢，就是因為外界的環境改變了牠，要更好的生存，就讓不斷適應環境。所以才成就了鯊魚的強勢氣場。

要讓自己形成強大的氣場，就要像鯊魚一樣不能忽視環境的影響。

氣場的形成，主要是兩個環境的作用，自然環境和社會環境。在人類的發展過程中，相對而言，社會環境的主導性是最強的。人們常說，環境可以影響人，這個環境主要是指社會環境。社會發展程度和個人的社會關係是對氣場產生影響的最主要的兩個因素。

一個人的氣場和他的理想、信念緊密相連。有什麼樣的理想和信念，就有什麼樣的氣場。倘若沒有理想和信念，想要讓自己的氣場得到提升，那就相當於無米之炊。在理想和信念的驅使下，人們去探索實踐的動力就會更大，也更容易獲取成功。這就是內外因的合力所成就的。

所以，氣場是人們的內在因素和外界因素的共同作用下形成的。

世上沒有兩片相同的樹葉

俗話說，世上沒有兩片完全相同的樹葉。同樣的道理，人與人之間的氣場也都千差萬別。每個人的氣場都是獨立的，而且一種氣場都和一種職業相對應。不同的人，就有不同的擅長，所以，當你認識了自己的氣場後，就能根據自己的氣場特性去尋找究竟什麼樣的路線適合自己。

認識自己的氣場，對每個人而言都是必修課。因為只有你了解自己的氣場，也只有你才可能有針對性的去發展和經營自己的氣場。而氣場強大了，你才能把自己要做的事情做得更好，也才能讓自己的明天灑滿陽光。

走向成功的人，是因為他們對自己的氣場有明確的了解，也明白自己的氣場能給自己帶來什麼。所以，這就促使他們有明確的目標和強大的動力，於是，就不會有迷失的時候。

一位叫薩沙的英國老師，在一次整理舊東西的時候，發現了一疊作文本子，這些都是三十年前自己所教的一屆小學四年級學生寫的。打開一看，第一篇的作文題目叫「我的理想是……」。

在作文中，孩子們各自描述了自己的理想，而且理由也都千奇百怪。有的孩子這樣寫道：我將來一定要做一名海軍，因為我有這方面的潛質。有一次在海中游泳的時候，我當時喝了三公升水，但很幸運的游到了岸上；有的孩子說，我長大後必定能坐上法國總統的寶座，因為我對法國很熟悉，我可以一口氣背出二十多個法國城市的名字，而別的同學最多還背不到十個呢；有一個叫格林的小孩子，他雖然是個盲人，可是他認為，自己將來必定能成為是英國的內閣成員之一，因為英國

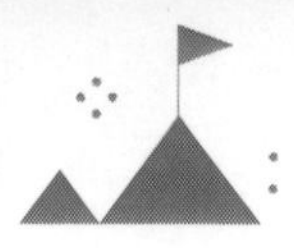

歷史上還沒有一個盲人成為內閣成員。

薩沙老師突然產生了一個想法，把這些本子重新發給當年的學生們，讓他們看看自己是否已經把三十年前的夢想變成了現實。於是，他透過當地的電視臺和報紙發出了一則尋人啟事。幾天後，薩沙便收到了來自英國各地的回信。這些人中有商人、學者和政府官員，還有不少人都沒有表明自己的身分，他們在給老師的信中說很想知道自己兒時的夢想，也很想得到那個作文本，於是，薩沙老師便按照那些地址一一把他們的作文本寄了過去。

過了不久，他收到了一封來自內閣教育大臣布蘭克特的信。在信中，布蘭克特說：「當年那個叫格林的孩子就是我，感謝老師這麼久以來一直保存著我們少年時期的夢想。不過那個本子我現在已經不需要了。這是因為從我寫下那篇文章時起，長大後成為內閣大臣的夢想就像刻在了我的腦海中一樣，什麼時候我都沒有放棄過；經過這麼多年的辛苦努力，我終於實現了自己的夢想。我還想透過這封信告訴我其他的三十位同學，對每個人而言，只要把自己年輕時的夢想深深的刻在腦海中，始終向著它前進，那麼成功總有一天就會光顧你。」

布蘭克特雖然身為一個盲人，可是他對自己的氣場有著比較清楚的了解，因為了解了氣場，才會讓氣場更好的發揮作用。所以，在氣場的推動下，他走向了成功。

走向成功的最好訣竅就是打造屬於自己的氣場。一個人倘若沒有在自己的人生座標中標出符合自己的氣場，那他就只能在屢戰屢敗中變得一蹶不振，找不到自我。了解自己的氣場，並且能學會經營自己氣場的人就會譜寫出美麗的人生樂章。因為只有懂得經營適合自己的氣場，才能讓你的人生升值。

每個人都有不同的氣場，積極的氣場能讓我們搭上順風車，帶領我們走向夢寐以求的成功；而消極的氣場，則會讓我們面臨失意和沉淪。無論如何，我們都要對自己的氣場做個清楚、透徹的認識和了解。認識了自己的氣場，就能看清自己的人生之路該走向何方，就能讓自己的前程更寬廣。

相信命運，倒不如相信自己

一位年輕人大學畢業後跳了幾次槽依然沒有找到適合自己的工作。幾年下來還是最底層的小員工。已經快三十歲的他，要事業沒事業，要家庭沒家庭。於是他每天情緒低落，意志消沉。母親看到兒子一天天的心情不好，也非常著急，於是便打算帶兒子去算命。

算命先生看了看這位年輕人的生辰八字後，頓時眉頭緊鎖，語氣沉重的說：「年輕人啊！你將會一直窮困潦倒下去，直到你四十歲。」聽了這位算命先生的話後，年輕人嘆了口氣顯得更加憂鬱了。於是，母親便安慰他說：「兒子，沒事的，過了四十歲就好了。」那位算命的先生立即打斷了那位母親的話：「您沒有理解我的話，我的意思是您兒子四十歲之後就會習慣這樣的生活。」

這僅僅是一個故事，可是在我們的生活中的確有不少這樣的人：他們走進了人生的低谷，不去想辦法解決問題，卻很相信占卜或是宿命，讓算命人士來指點迷津、排憂解難。這就錯了。一個人能否做出成績，這其實並不是由命運決定的，而是由他的氣場所決定的。這並不奇怪，氣場就

是人生的坐標，究竟你的人生能定在坐標系中的哪個點上，就要看你能否讓自己的氣場發揮出積極作用。

對於一個意志消沉的人而言，倘若暗示他的未來一片大好，那麼他必然就會比從前積極許多，在積極狀態的帶動下，他的人生就可能發生改變。也許，他可能會覺得是命運的眷顧才讓他擺脫了困境，其實，這都是他透過自身的努力而取得的結果。他對待人生的態度從悲觀消極轉變成了積極向上，這就促使他的氣場也發生轉變。於是，他的命運也就得到了改變。

相反的，一個正在為自己的未來辛苦打拚的人，倘若被暗示他的努力將無濟於事，最終還是逃脫不了失敗的命運。那麼他的心理就會受到巨大的打擊，甚至直接導致他放棄努力，於是將會出現接二連三的不如意和失敗。也許，他就可能認為命中注定自己要走向失敗。其實，根本原因是由於他放棄了努力，對自己失去了信心，所以他原來積極的氣場就會迅速蛻變為消極氣場，把他帶上失敗的路途。

人們的命運，通常都能透過自己的行為來進行改變，可是暗示往往起著決定性的作用。上述的這兩類人可能真的相信自己的人生都是命運的安排，其實不然，他們最終所得到的結果都是不同的氣場所造就的。

我們知道每個人都有自己的氣場，這無可厚非。與此同時，人的氣場還會不斷發生強弱轉化。不同的氣場，就必然意味著不同的定位。人生究竟會如何，總會受到自身氣場變化的影響。對於每個人而言，誰都無法改變自己的容貌，但你可以展現笑容，誰都無法左右天氣但可以改變心情。要讓自己有個亮麗的人生，就應該改變自己的態度，改變自己的心情，讓自己搭上積極氣場的便車，奔走在人生的成功之路上。

與其說性格決定命運，不如說氣場決定命運。無論是人們的氣場是積極的還是消極的，它都會給人們帶來不同的命運。倘若現在的你依然相信命運是上天注定的，倒不如相信自己的氣場，用自己的積極氣場鑄就成功的人生。

有底氣，讓你更強大

一個人有沒有底氣，這決定著他氣場的影響力。倘若底氣十足，行事就會果斷有力，做人積極向上，獨領風騷；倘若底氣不足，辦事就會沒有信心，讓人覺得可信度不高，不太可靠，所以，做人的氣場離不開底氣，要有氣場就應該先有底氣。

一個人的底氣是氣場的表現。我們看看身邊的成功人士就會明白，他們無一不具備一定的實力。因為只有具備一定的實力，在說話和辦事的時候才可能有底氣，有了底氣才能有氣場。那些總是因一事無成而不斷抱怨外在環境的人，必然不是自身實力堅強的人。

著名的音樂指揮家小澤征爾在一次世界級的指揮家大賽中，當他按照評委會給的樂譜進行演奏的時候，突然發現了一陣不和諧的聲音。剛發現的時候，他覺得這可能是樂隊演奏的錯誤，於是便決定停下來從頭開始重新演奏，但他發現聲音還是不對。他覺得這肯定是這個樂譜有問題。當時

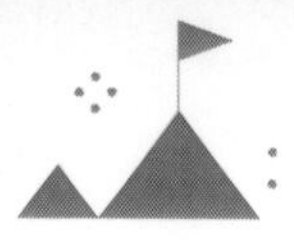

該樂譜的作曲家也在場，他和評委會的權威人士們都堅持認為這個樂譜沒有任何問題，是他的指揮出錯了。

在眾多音樂界的權威人士面前，他沒有被權威嚇到，也沒有向權威低頭。而是再次仔細看了樂譜樂譜，經過了再三思考之後，他滿懷信心的大聲說：「不！一定是樂譜錯了！」他剛說完，沒想到評委們竟然都站起來為他鼓掌，祝賀他取得了冠軍。

原來，的確是樂譜有問題，這些都是評委們事先設計好的，他們就想透過這個錯誤樂譜來考驗指揮家，看看當指揮家發現樂譜的錯誤而被權威人士「否定」時，是否還能堅持自己的正確主張。在小澤征爾之前，就有兩位指揮家被評委們設計的「圈套」給套住了。因為他們兩人雖然都也發現了樂譜的錯誤，可是並沒有提出質疑，始終都在隨聲附和權威的意見，最後被判出局。

小澤征爾功底深厚，有真才實學，所以他能很準確的發現樂譜的錯誤，而且能大膽的指出來，雖然在他的面前都是音樂界的權威專家，可是他依然拿出了自己超強的自信心。有底氣，就有征服權威的氣場。而前面兩位指揮家正是因為沒有底氣，不敢挑戰，所以就不會有征服他人的氣場，所以就沒有成功。

很多人的底氣不足或是沒有底氣，就是因為他們承受了太多的壓力，這些壓力主要來自於這些方面：工作任務重，應酬繁多，不想得罪人，所以壓力很大，身體承受不了；經濟上的負擔：收入不高，要買房、要解決子女的教育問題和贍養老人等到處都得花錢。這兩方面的負擔讓他們的精神壓力太大。還有，對自己的未來感到迷茫，人際關係不好，而且對自己的期望值過高等等這些都會給自己造成壓力。讓自己的底氣受挫，從而失去積極的氣場。

事實上，除了那些負擔能給人帶來壓力之外，生活的單調與清閒甚至有的喜事同樣也能讓人產生壓力。在喜事方面，比如結婚、懷孕、生子、喬遷、晉升、畢業等會讓人有壓力；當生活或者工作太單調、清閒，讓人感到無聊，沒有價值感，這同樣會讓人感受到壓力的存在。

當然，任何事情都有兩面性，有壓力也不完全是壞事。人們常說有壓力才有動力，有的人正是因為壓力的存在，所以他便下決心要前進，所以這時候壓力就轉化成了動力，當人有了向上的動力之後，就會努力，於是就底氣十足，從而使自己的氣場得到提升，成為大家心目中的一個有氣場的人。

底氣往往是一個人實力的外在體現，有了底氣，才會讓自己的氣場更加積極上進，才能讓自己的氣場洋溢著吸引人的魅力。而人們的底氣並不是呼之即來揮之即去這麼簡單，它需要經過刻苦努力，當具備了真才實學後才能取得。

所以，我們要先給自己不斷充電，培養自己的實力，當實力充足，底氣自然會十足，底氣十足就會造就氣場十足，氣場十足就能讓自己的人生揚帆起航。

人可以被打敗，但不可以被打倒

我們可以沒有金錢，可以沒有事業，但不能沒有自信。自信是走向成功的第一步，自信也是氣

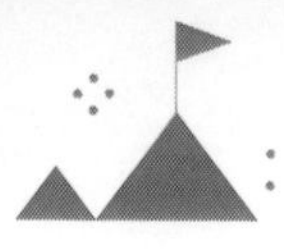

場的開始，有自信就有氣場。

在著名武俠作家古龍的一部小說中，有這樣的一段情節：兩個武林高手決定進行一場生死比武，其中一個人自覺武功稍弱一些，偷偷從朋友那裡借來「鎮幫之寶」。這是一種暗器，裝在盒子裡，只需打開盒子，對方就會人頭落地而亡。決鬥那天，二人實力不分伯仲，打了半天也沒決出勝負。最終，那個擁有暗器的人勝了，然而他卻並沒有使用暗器。事實上，他一想到最後可用暗器置對方於死地，全身就有使不完的力氣，越戰越勇，最後，他憑著自己真正的實力戰勝了對手。

後來，當他把這件暗器還給朋友，並告訴他自己沒有使用時，朋友說的一番話卻更讓他吃驚。朋友說，這件暗器早已損壞不靈了，他們幫中的「鎮幫之寶」根本不是什麼絕世暗器，而是「信心」。

這個故事中的武林高手不相信自己能打敗強敵，並不是他功力多差，而是缺少必勝的自信。其實，我們的人生也是如此。記起海明威說過的一句話：「人可以被打敗，但不可以被打倒。」可是，現實生活中的很多人不僅很容易被打倒，甚至會不戰自敗、不打自倒。

在我們周圍，很多都是有才華的窮人，他們很想有所作為，之所以沒有成功，往往不是能力不夠、資金匱乏、條件不成熟，關鍵在於對自己沒有信心。他們會說：「我的能力不行，我的學歷不夠」、「我沒有很好的社會關係」、「我沒有很好的機會」、「我總是那麼倒楣」、「我沒有時間」，甚至是「我沒有好的背景」、「我沒有一個好爸爸」。他們感到生活痛苦、前途迷茫、一切都暗淡無光。他們總是有那麼多的理由。在這個愛比較的時代，無庸置疑，拚爹的，你站在好爸爸的肩上，自然會跳得更高；拚錢拚關係的，找個鐵飯碗也是小菜一碟。但你若是普通人、貧窮人呢？難道你就認命了？還是別做憤青，一天到晚捶胸頓足的抱怨社會不公了吧，積極的去生活，自信的努力拚搏的生活才是正道。

拚搏，當然不能缺乏自信。自信不是相信自己強，而是相信自己會變強。相信自己是第一步，自信有了，氣場就有了，接下來做任何事都會充滿力量。美國社會學家戴爾．卡內基認為：信心和勇氣能夠產生激昂奮發的情緒，會使整個人像是突然被「充電」一樣，立即著手解決困難，並要求自己把事情處理得更加完美。自信有多大，潛力就能發揮到多遠。

從現在開始去發掘自己的長處，去激發你的潛能。如果你每天都充滿自信，就可以發揮你的長處，清除掉你內心的焦慮與不安。你不要只是空空的在期待奇蹟，更應利用由自信而得來的氣場去創造奇蹟。

俗話說：「心有多大，舞臺就有多大。」我們可以消極的面對一切打擊，也可以拚盡全力去爭取；生命的深度和寬度，全看我們如何選擇。牛頓讀書時，老師認為他笨，要他退學，但他對自己非常有信心，下定決心要比別人做得更好。拿破崙要翻越阿爾卑斯山時，英國人和奧地利人都嘲笑他是瘋子，但拿破崙做到了，因為他相信自己。投資人王巴菲特有兩條最基本的原則：一是「一定成功」，二是「記住第一條」。他用「一定成功」來暗示自己，把自己逼到「必須成功」的「絕路」上。

只要有自信，每個人都可以增強自己的氣場，都能取得自己想要的成功。有了自信，你的心中才能升騰起無盡的希望，潛藏在你意識中的精力、智慧和勇氣才會被調動起來，你的心裡才會開出

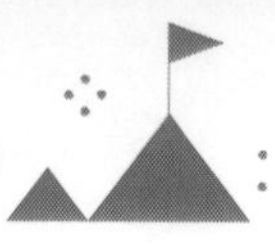

花朵，財富、成功將不再是夢想。即使你不能和那些名人站在一起，即使不能進入富比士排行榜，即使不能擁有百萬千萬，即使不能……這些都不重要，重要的是你可以成為平凡人中的佼佼者，成為公司提拔晉升的首選，成為同齡人中的榜樣，這就是自信的力量，這也是一種成功。

是成是敗，全靠自己

人生在世，人人自然都渴望自己能成功，可是這只是理想狀態，事實往往並不是總能盡如人意。成功的人之所以能成功，這是因為他們不但有能力，還在於他們擁有走向成功的氣場。

氣場對人們走出困境有一定的幫助。在面對挫折與坎坷的時候，那些保持樂觀的情緒，保持旺盛鬥志的人就是最終取得成功的人，他們的成功是因為氣場給了一臂之力。

對每個人而言，其實至少會有兩個自己，而其中一個就是內心真實的自己，另一個則是需要展示給他人看的自己。氣場則是這兩者的統一體。人人都有氣場，可是它看不見也摸不著。它雖是無形的，但又能讓人感覺到它的存在。比如說那些影視明星和其他公眾人物，只要他們一出場，觀眾就能被那種架勢、那股底氣所征服，那架勢、那底氣就是氣場。在他們身上所體現出來最明顯的就是氣場。

也許我們都讀過美國的海倫·凱勒寫得《假如給我三天光明》這篇散文，作者海倫·凱勒就是一個氣場強大的人。

海倫．凱勒於一八八〇年出生在美國的一個小城鎮。當她一歲半的時候，就因重病而喪失了視力和聽力，後來，她的語言表達能力也逐漸喪失了。

在這樣的情況下，她依然取得了驚人的成績：她出人意料的學會了讀書和說話，而且以優異的成績順利從美國拉德克利夫學院畢業，她學識淵博，掌握了拉丁、希臘、英、法、德五種語言，成了著名作家和教育家。為了世界各地的盲人教育事業，她的足跡遍布世界，她把自己的一生都獻給了盲人福利和教育事業。所以，許多國家政府都給予她嘉獎，她獲得了世界各國人民的高度讚揚。

海倫．凱勒從七歲開始接受教育，直到進入大學學習的這十四年間，她使用的很多教材都沒有點字的版本，所以她都得依靠別人把書的內容拼寫在她手上，透過觸覺來學習。這樣，她的學習所花費的時間會比別的同學多出很多。當其他同學止在外面快樂的嬉戲、唱歌時，海倫．凱勒卻在教室裡努力學習。

一九六八年六月一日，海倫．凱勒離開了人世，她這一生是非常讓人敬佩的一生。曾經有人這樣評價她：海倫．凱勒就是全人類的驕傲，是全人類學習的榜樣，相信她這個楷模，會讓眾多聾、啞、盲人受到啟發，讓他們在黑暗中看到光明。

像海倫．凱勒這樣一個看既看不見，又聽不見，同時還不能說話的殘疾之人，是憑藉什麼走出黑暗，且能做出讓如此傲人的成績呢？她能得到世人的高度褒獎又是依靠什麼呢？這些都離不開她頑強的毅力和老師莎莉文的循循教導，但恐怕更離不開的就是她的氣場——面對困難而努力奮鬥、不屈不撓的氣場。

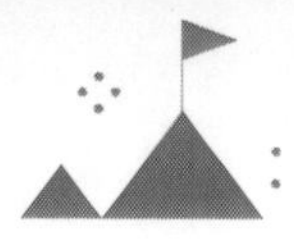

在她的刻苦努力之下，不但豐富了自己，同時也打造出了自己獨特的氣場，在這個氣場的推動下，她最終創造出了輝煌的人生。

雖然每個人可能對成功的定義有所不同，但是，真正意義上的成功應該是全方位的，有家庭、事業、健康、金錢、朋友等等，但也離不開精神上的東西。人是一個精神和物質共同作用的生命體。當人主宰了自己的氣場，才能讓物質和精神因素共同發揮積極作用，這樣一來人才能主宰自己的命運。

倘若要衡量一個人的綜合指標，氣場就是一個不可或缺的參數。它能讓人們找到真實的自己，學會認識自己，寬容自己，愛護自己。當你真正了解了氣場之後，你會發現自己已經發生了不小的變化。到那個時候，對於他人的意見，你就也能樂觀的接受了，對他人的錯誤，你也會變得寬容起來，為人處世的心態變好了很多，生活工作和家庭，一切都稱心如意。

我們不要總是帶著偏見去審視自己，也不要帶著偏見去審視他人，要看到自己氣場中的優勢，要讓自己氣場的優勢最大化，從而讓自己不斷得到鍛練和成長，徜徉在成功人生的路途上。

吸引力法則

成功學上有這樣的說法：世界上約有百分之九十六的財富掌握在百分之一的人手中。倘若這樣的說法是事實，你是否想過其中的原因呢？也許，你可能會認為這是偶然，倘若你抱持這樣的觀點，那就錯了。真正的原因就是他們這些百分之一的少數人明白某個祕密。而這個祕密就是怎樣運用吸引力法則提升自己的氣場，為自己吸引更多的財富。

究竟什麼是吸引力法則？其實很簡單，它就是「只要你關注什麼，就能為自己吸引到什麼」。也就是：你的頭腦中的意識和想法會吸引你所關注的事物，讓它們成為現實。

很多人都曾經有過這些經歷：一件事情在理論上的發生概率微乎其微，可是沒有多久這件事就發生了；當我們正在想一位幾年都沒有聯繫過的朋友時，竟然很意外的接到了他的電話。這些都會讓我們感到異常驚訝。這就是吸引力法則所產生的效果，是它的力量讓我們的思想穿越時空，將我們所關注的事情吸引到我們身邊來。

吸引力法則和氣場有著密切的關係。如果你的意念和想法都是積極的，那麼就會製造出積極的氣場，於是就會吸引來一些積極的事物，從而給你指明了走向成功的道路；相反，如果你的意念和想法都是消極的，那麼就會製造出消極的氣場，吸引來的事物當然也是消極的，這必然會使你更容易走向失敗。對於很多人而言，他們還沒有意識到吸引力法則和氣場的作用，但是，它們一直伴隨著每個人而發揮著作用。

日本首富孫正義就是一個運用吸引力法則增強自己氣場的典型人物。

小時候，父親就經常對他說「你是天才，長大後，你會成為日本很有影響力的大企業家」。在父親這種思想的影響下，孫正義在五歲的時候，向他人做自我介紹的時候就說：「你好，我是孫正義。等我長大後將會成為日本家喻戶曉的大企業家。」可能在很多大人的眼中，這樣的說法只是一

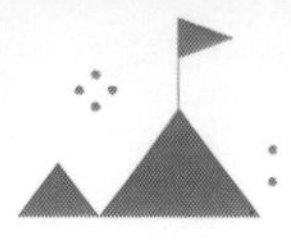

個天真無邪的孩子的天真妄語而已，他們覺得這是不可能實現的。可是，孫正義卻不這麼認為，在他十九歲的時候，便為自己制定了一份未來五十年的規劃：

三十歲之前，要有一份自己的事業。

四十歲之前，自己的資產至少達到一千億日元。

五十歲之前，事業走上輝煌的高峰。

六十歲之前，事業成功，家庭幸福美滿。

七十歲之前，把自己的事業交給下一任接班人。

當時，雖然才十九歲，可是孫正義就制定了這麼長遠的計畫。在這份計畫出爐後，他並不是把它當成文字遊戲而僅是寫在紙上，或是貼在牆上，而是始終向著自己的目標拚搏，終於讓自己的夢想成為了現實。

在孫正義走向成功的過程中，吸引力法則立下了汗馬功勞。因為他對成功擁有堅定的信念，他的思想意識是很積極的，所以吸引力法則便為他吸引到很多積極的因素，這些積極因素匯集在他身上，讓他的氣場不斷增強，於是，便把他帶上了機遇、好運和成功的旅途。

莎士比亞的作品中有這樣一句話：「親愛的，真正該責備的並非宿命，而是我們自己，是我們自己決定了我們只會是微不足道的人。」人們的意念和想法對自己的人生有很密切的關係。不論做什麼事，我們都應該讓自己的積極意識產生作用，在積極意識的帶動下，就會激發出付諸行動的動力。倘若你想追求成功，就要先讓自己的思想意識不斷的向成功靠近，當在你的腦海中產生了成功的意識，從而才能讓那些有利於實現夢想的事物到達你的身邊，為你的氣場增添光輝，助你走得更遠。

我們都聽過這句話：「思想有多遠，人就能走多遠；夢想有多高，你就能飛多高。」雖然這句話很俗套，可是它所飽含的真理卻值得我們永遠牢記。總之，倘若一個人能帶著積極的夢想和信念上路，那麼在吸引力的作用下，就會有更多的積極因素匯入他的氣場，最終成就一個強大的氣場，成就一個成功的人。

創造人生奇蹟

氣場的力量非常強大，有了它，不僅能讓你在和對手的競爭中處於優勢，能讓你很好的把握時機，而且當你處於困境的時候，還能為你創造奇蹟。這時候的你，將會有很大的收穫，這種收穫並不是一份合約或者一筆金錢，而是一個世界。

有一個只有十歲的小女孩，她的弟弟患上了重病，但是她的家境貧寒，沒有錢為他治病。所以她們全家準備搬到一個小一點的房子裡去住。這是因為在繳了高昂的醫藥費之後，他們實在沒有能力去支付現在這所房子的房租了。而想要讓弟弟活下來，就需要進行一個手術，只是這個手術費用太高了，她父母已經籌不到錢了。

有一天，她爸爸絕望的對媽媽說：「現在只有出現奇蹟才能救我們的兒子了。」小女孩聽到後

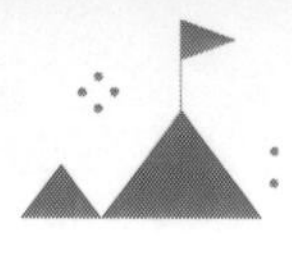

便去了自己的房間，把自己的小豬撲滿拿了出來，她把撲滿裡面的零錢都倒在了地上，數了數具體金額，然後又把錢全部放進了撲滿。

她緊緊的抱著這個寶貴的撲滿，悄悄的從後門溜出去，來到了一個距離她家不算太遠的一家藥局。她拿出一個一元的硬幣放在了藥局的櫃檯上。

一個藥劑師看見後問她，「小女孩，妳想要什麼？」

「我要給我弟弟買藥，」小女孩回答說，「他患上了重病，我想為他買一個奇蹟。」

「買什麼？」藥劑師有點不敢相信自己的耳朵。

「我弟弟叫菲爾，他的腦子裡長了一個東西，聽我爸爸說，現在只有奇蹟才能救他。請問，買一個奇蹟需要多少錢？」

「女孩，很抱歉，我們這裡並沒有奇蹟。」藥劑師傷心的回答說。

「我一定要買到它。倘若我的錢不夠，我還會想辦法再多弄些錢。請您告訴我需要多少錢能買到它。」

聽了小女孩的話，旁邊的一位衣著考究顧客便問小女孩：「孩子，請問你弟弟究竟需要什麼樣的奇蹟？」

「我也不清楚，」她兩眼閃爍著淚光，「我只知道他病得很重，我媽媽說他的病必須做手術才行。可是手術費太貴了，我爸媽根本拿不出那麼多的錢。所以，我就把自己攢下的所有錢全都拿來買奇蹟了。」

「你有多少錢呢？」那人問。

「一百一十元，我會盡量想辦法再多弄到一些錢。」小女孩回答的聲音輕得幾乎聽不見。

「好，真是妙極了！」那人微微一笑，「妳的這一百一十元正好能為妳弟弟買到奇蹟。」說著他接過了小女孩的錢，並對小女孩說：「孩子，帶我去妳家，我想看看妳弟弟，見見妳父母。看看我是否能給妳弟弟一個奇蹟。」

原來，那位衣著考究的人就是神經外科的著名醫生。在了解了菲爾的病情後，他決定讓菲爾在他所在的醫院進行手術，由他擔任他的主治醫師，並且進行免費手術。雖然這個手術難度很大，但一切都進展順利，術後沒多久，菲爾就恢復了健康。

「那個手術，不能不說是一個奇蹟。」她的媽媽輕聲說，「我想知道這手術到底值多少元？」

小女孩甜甜的笑了，因為她的確知道這個奇蹟的價格：一百一十元，再加上一個小孩子的異常堅定的信念。

故事中十歲的小女孩甚至連「奇蹟」是什麼也不懂，可是她有一顆美好純真的心，她愛自己的父母和弟弟。所以，她有一個非常堅定的信念，就是要讓弟弟脫離生命危險。於是，她因此便擁有了一個小小的奇蹟氣場。雖然這個氣場沒有邱吉爾和史達林的氣場那麼強大，也沒有比爾蓋茲的氣場那樣幸運，可是這個氣場來源於內心的愛和信念。在這種氣場的推動下，小女孩終於用「一百一十元」換來了她所需要的「奇蹟」。這讓我們無不對她的氣場感到驚嘆。

由此可見，只要你充滿希望，相信自己的氣場，那就能為自己爭取到創造奇蹟的機會。

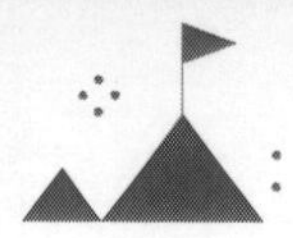

二、做你自己，使內心強大

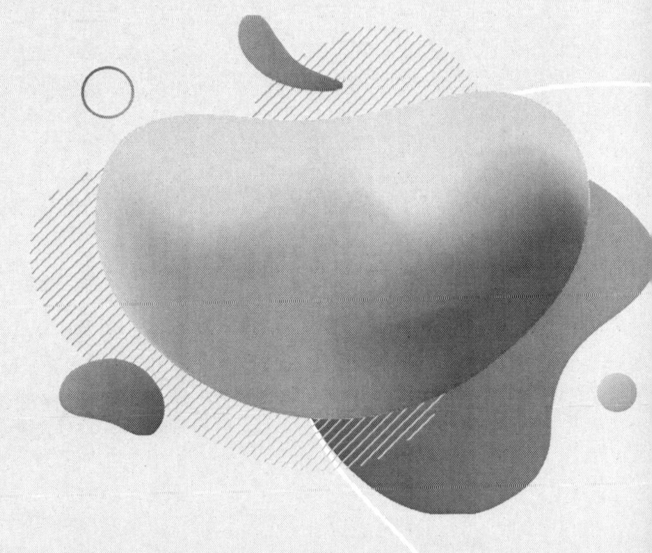

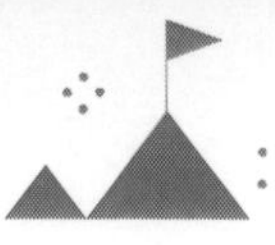

失去渴望，生活將毫無意義

對自己人生失去渴望的人，他們可能就不會有渴望成功的熱情，他們或者是整天想著天上掉餡餅的事，或者是想著一勞永逸的事，這樣怎麼能讓自己的氣場發揮出積極的作用呢？

人們的氣場有著以下這些組成部分：

第一，勢

一個人能夠在恰當的時機，把自己的野心或目標展現給大家，這就是「勢」。這就是渴望成功的表現。只有渴望成功才有可能為了走向成功而努力，才可能最終如願以償。

第二，格局

這就是指為人處世能顧全大局，能從長遠出發，有很強的規劃能力，這就是一個人氣場格局的體現。「勢」代表了熱情，而「格局」則是理性的體現。

第三，人氣

人氣也是氣場不可缺少的因素。它包括感染力、領導力和人脈三個方面。我們從生活中就可以發現，其實有理想的人倒有不少，但是有人氣的卻比較少。所以，我們不能不說，人的氣場並不是完整的，在很多人看來，只有外在人氣是值得追逐的，可是他們卻忽視了對內在的勢和格局的凝練，這三個都是氣場的重要元素，密不可分。

渴望造就氣場。在氣場的各個組成要素之中，當產生渴望的時候，我們的氣場因素「勢」就開始逐漸發揮作用。於是，就會逐漸推動其他的因素發揮作用。其實夢想就在距離我們不遠的地方，誰有勇氣伸出「渴望」之手，誰距離成功就越近。

美國一個叫德里歐奈的商人，他年輕的時候先後去日本和中國做生意。在他三十六歲那年，回到了美國，這時，他已經從當初一窮二白的毛頭小子變成了身價數千萬美元的富翁。在接受美國的一家媒體採訪時，德里歐奈是這樣講述他的經歷的：

倘若當初沒有強烈成為富翁的渴望，那他這幾年可能還在曼哈頓的街頭做一些騙人的小勾當，或可能還是一名沒有職業的小混混。

當年，對德里歐奈刺激最大的其實並不是貧窮，而是他的朋友或親人們，他們的生活幾乎每個都發生了巨大的變化，過上了讓德里歐奈羨慕的富裕日子。幾乎每個人都在想方設法去賺錢，只有他還在不斷的浪費光陰，而當時的他竟然還覺得自己的生活很時尚。他很贊成《二〇一二》電影中所說的世界末日的觀點。所以，每當有人勸告他不要再無所事事了，要努力找工作賺錢時，他就會將自己的口頭禪搬出來應對：整個地球都要毀滅了，我做這些事情還有什麼意義？

後來，有一件事讓德里歐奈改變了自己的人生態度。

一次，堂兄將他拒之門外，並且憤怒的對他說：「非常抱歉，德里歐奈，這裡根本就沒有你的晚餐。」

堂兄的話讓他很氣憤，於是他便離開了家，漫無目的的走在街道上。他覺得自己目前的處境很悲哀。他心想：為什麼他們要這麼對待我？若要讓他們改變對我的態度，除非當我達到和他們平起

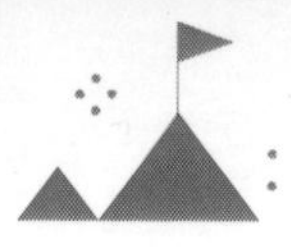

平坐的程度。

於是他發誓自己要成為一個有用的人，那些別人所擁有的一切，他也一定要擁有，他要成為一個有錢人。

在此之前，德里歐奈根本就不在乎金錢，他對金銀珠寶和那些與財富相關的所有東西都很鄙視。所以，他根本就不希望自己成為一位有錢的人。可是，在殘酷的現實面前，他的立足之地越來越狹窄，就連和他關係最好的堂兄都開始這樣對待他了。

德里歐奈決定自己要變有錢。於是，他便開始在曼哈頓推銷電器。賺了一筆錢後，他聽說在亞洲的日本和中國做服裝生意很賺錢，於是又去了日本和中國；經過了十多年的發展，他的產業發展很快，而且成立了自己的服裝公司，旗下擁有十幾家分公司，而且已經形成了自己的品牌。

試想，倘若當初被堂兄羞辱之後，他還是不放在心上，繼續自己無欲無求的墮落生活的話，現在的他會是什麼樣子呢？肯定沒有現在如此風光的生活，也無法成為一個成功人士。在那種情況下，他產生了渴望，繼而為了自己的渴望而付出了努力，所以取得了成功。

因此，我們應該學會保持渴望的狀態。雖然有了渴望還不一定能取得成功。可是如果沒有渴望，那必然就不會產生成功，即使機遇送上門來，都可能和你擦肩而過。當我們失去了渴望，自己的人生就會沒有任何目標，生活會也因此而變得毫無意義，就更談不上有氣場了。而擁有一顆渴望成功的心，就有了走向成功的良好開端，就能讓自己的氣場發揮出更大的作用。

對自己負責是人生成熟的標誌

在我們的生活中，有很多東西都是建立在責任這個基礎上的，倘若沒有相互之間的責任，可能我們的生活就會失去很多有意義的東西。比如情感、信用等這類美好事物的得到，都是在我們付出責任的基礎上才得到的。

一個人生活在這個世界上，就應該知道自己的責任所在。只有學會了對自己負責，才可能在人生旅途中描繪出屬於自己的天空。對自己負責的人，才可能有強大的內在力量支撐他前進，而這也正是氣場的產生之源。

不論我們擔當著什麼角色，都有一份應該承擔的責任。雖然我們常說「難得糊塗」是一種人生境界，可是當面臨責任的時候，我們可不能糊塗，人人都應該對自己的責任有個清楚的了解。對自己負責是人生成熟的標誌，也是走向事業成功的基礎。

當我們對自己的一切負責了，才可能去努力處理好自己所遇到的每一件事，讓自己的氣場越來越強大。否則，對自己不負責，遇到該做的事情總是沒有做或者不斷拖延，而且還為自己找藉口的話，這只能讓你的氣場灰飛煙滅，讓你永遠和成功無緣。

藉口的本質就是推卸責任，倘若一碰到問題就要給自己找各種開脫的理由，那麼我們的氣場肯定會被削弱很多。

尋找藉口就像吸食毒品一樣，會讓人產生依賴性的。當有了第一次為自己找了藉口後，就可

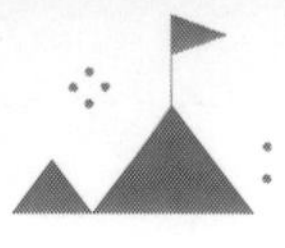

能讓我們嘗到這樣的「甜頭」，於是，就可能會產生第二次、第三次……因為經過了前面的實際驗證，你可能就會認同尋找藉口的行為。但這個行為如果成了習慣，那將是非常可怕的事情，在這樣的習慣下，你的工作會變得拖遝而沒有效率，從而讓你變得消極而一事無成。漸漸你可能就會變得頹廢而沒有精神，更談不上用自己的積極氣場來影響其他人了。

一家研究機構做過調查，近二十年來，全球各國著名企業的董事長從美國西點軍校畢業的有就高達一千多名，副董事長則高達二千多名，而總經理或董事長這一級別的人數更多，達到了五千多名。

在西點軍校，有這樣一個傳統，當軍官要求學員回答問題時，通常只有四種回答方式：「報告長官，是」、「報告長官，不是」、「報告長官，不知道」、「報告長官，沒有任何藉口」。除此之外，不能多說一個字。

這就是西點軍校「沒有任何藉口」的行為準則，是西點最重要的理念之一。這樣的做法，告訴學員對於遇到的問題，要盡自己最大的努力，而不是為自己沒有完成任務而尋找各種藉口，即使是看上去比較合理的藉口。在這種理念的督促下，很多西點軍校畢業生都成了行業中的佼佼者。

那些對自己不負責任的人，在事情失敗後總是習慣於找藉口；而那些對自己負責任的人就不同，他們總是習慣於總結教訓，尋找正確的方法。所以，做一位時時刻刻都對自己負責的人，這才能成為自己人生的設計師，才能掌握自己的命運，得到他人的尊敬和愛戴，成為大家學習的榜樣。

強大的氣場來自於強大的內心，而對自己負責的人才有可能讓自己的內心變得強大，進而充實自己的氣場。　個善於對自己的負責的人，是不會輕易妥協的，因為他不想讓自己的生命變得沒有意義，他不想讓自己碌碌無為。所以，他們總會讓自己的人生軌跡畫出一道完美的弧線。

在挫折中磨練意志，完善人格

挫折往往是創造成功的契機，同時也能很好的磨練我們的意志。那些戰勝挫折的人在和挫折鬥爭的過程中，會讓自己的人格更加完善，讓自己在面對困境和解決複雜問題的能力得到提升，同時讓自己在經歷了暴風雨的洗禮之後閃耀著奪目的光彩，擁有一般人所沒有的強大氣場。

如果我們拒絕了失敗，那就等於拒絕了成功。如果我們總是害怕失敗，而且想讓自己擁有不怕失敗的態度，那就應該記住這句話：「如果你問一個善於溜冰的人如何獲得成功，他會告訴你：跌倒了，爬起來，便會成功。」面臨挫折，沒有必要退縮，而是要拿出自己的勇氣去戰勝它，一旦我們取得了成功，我們的意志和人格將讓我們的氣場更上一層樓。

在生活中，當我們用什麼態度去面對一切，那麼生活也將用什麼樣的態度回饋給我們。法國著名作家巴爾扎克說過：「世界上沒有絕對的事，苦難對於智者是墊腳石，對於強者是一筆財富，對於弱者卻是萬丈深淵。」這說明了態度的力量是巨大的，水能載舟亦能覆舟，態度對於我們的人生也是同樣的道理。消極的態度會產生阻力，讓我們的人生變得灰暗，積極的態度能生成動力，讓我們的事業走向輝煌。

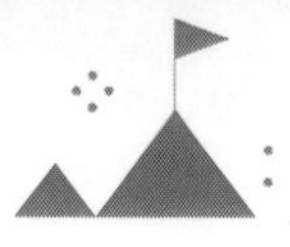

其實態度就是一種信仰，一切皆有可能，只要我們不向命運低頭，那麼命運就會掌握在我們手中。每個人總會有一些無所適從甚至舉步維艱的迷茫歲月，那些取得成就、有所建樹的人沒有哪個不是從逆境中走出來的，從這個層面而言，我們可以認為：態度決定了我們未來的生活狀況。

卡內基說過這樣一句話：「最容易被人忽略的是，山谷的最低點正是山谷的起點，許多走進山谷的人之所以走不出來，正是他們停住雙腳，蹲在山谷煩惱哭泣的緣故。」從這句話中我們可以看出，其實處在什麼起點、什麼高度和什麼地方都不是重點，最重要的問題是我們應該盡快的看到自己的方向，確定下一步該往哪裡走。

不要讓自卑主宰我們的生活，要做一個樂觀自信的人。就算失敗也沒關係，不要沮喪，也不要氣餒，就算在低谷我們依然要盡快找到自己的前進方向。

只有當我們敢於直面生活中的挫折和不公平，不躲避也不放棄，拿出自己的信心和行動，努力做出改變，那麼，這個努力拚搏的過程就是我們完善自己人格的過程，同時也是體現和提升了自己積極氣場的過程。

行走在沙漠中的旅行者迷失了方向。這時，他帶的水和乾糧也都消耗殆盡了。當他翻遍了身上所有的口袋後，才找到了一個青蘋果。「哇，我竟然還有一個蘋果！」旅行者是那樣的驚喜。

於是他把那顆蘋果緊握在手中，繼續在沙漠中尋找出路。乾渴、飢餓、疲乏時時刻刻都會向他下達戰書，每當這時候他都會看一看手中的蘋果，舔一舔乾裂的嘴唇，於是就會產生一股動力。

過了一天，兩天，三天……終於在第四天的時候，他看到了村落，原來自己已經走出了荒漠。

這個時候，他那乾裂的嘴唇上已經出現了好幾道裂痕，可是他依然沒有咬過一口蘋果，還是把他像寶貝似的一直緊握在手裡。

這個故事的確讓我們感到很驚嘆，一個看上去如此不起眼的青蘋果，竟然會讓人產生如此巨大的力量！

的確不錯，信念的力量能創造這樣的奇蹟！它之所以偉大，就在於當面對不幸的時候，它能喚起我們的生活勇氣；當我們身處逆境的時候，它也能幫助我們揚帆起航。信念，是我們心中的一團永不熄滅的火焰。信念，是追求成功的內在驅動力。

在人的一生中，我們可以發現很多問題，然後又能找到解決問題的方法，可是所有的方法總結到一起，那就是成功的信念和欲望。我們不可能總是青雲直上、不可能事事都稱心如意。雖然有些人身體可能先天不足或後天患病，可是他依然能成為生活的強者，依然能創造出常人都很難創造出的奇蹟，他憑藉的就是信念。這種堅持到底的信念也會讓一個人樹立起鋼鐵般的心理長城。

遭遇挫折的時候，不是我們畏懼和迴避的時候，而正是我們勇敢去正視並打垮它的時候。如果我們在挫折面前越懦弱，那結果就會越讓我們失望，這樣一來我們將必敗無疑。只有我們拿出自己毫不畏懼的勇氣，凝聚最大的氣場，才能提升我們的能力，改變我們的人生。

讓智慧為你的加分

智慧在很大程度上決定了我們氣場的大小和強弱。同時，智慧也是我們取得成功和提升氣場的泉源。倘若一個人才華橫溢，可是欠缺智慧，那麼就算他上通天文、下知地理，這對他的氣場恐怕都沒有有益的幫助。

古時候有一位國王，雖然他擁有至高無上的權利和威信，可是他是一位殘疾之人，因為他在戰爭中失去了一條腿。但是，他依然覺得自己是雄姿英發的。為了能讓自己被後人瞻仰，有一天，他便下令在全國範圍內請最好的畫家為他畫一幅像。

經過了層層篩選，最終有三位畫技最高的人脫穎而出。

在接下來的考核中，第一個畫家給國王的畫像很逼真，簡直都能和照片媲美。但是，國王看了之後火冒三丈，他厲聲說道：「我就是這個樣子嗎？這幅畫像完全和殘疾人沒什麼兩樣，還怎麼給後人看！」說完就把這位畫家關進了大牢。

第二位畫家吸取了第一位畫家的教訓，他不敢據實作畫，於是就把國王因戰爭而斷掉的那條腿也畫了上去，整幅畫像英俊無比。可是國王看了依然非常生氣，他幾乎咆哮起來了：「你們怎麼都這個水準，這個一看就根本就不是我，你這麼做不是在諷刺我嗎！」這位畫家的命運和第一位沒有什麼兩樣，他也很不幸的進入了大牢。

只有第三位畫家畫得很有新意。他畫了一幅國王單腿跪下、閉上一隻眼睛而側身正在進行射擊瞄準的肖像畫。這幅畫很巧妙的把國王的缺點都掩蓋住了，與此同時也沒有違背現實。所以，國王一看，龍顏大悅，對他進行了重賞。

這就是智慧的魔力。有時候，勝利者和失敗者從技藝、能力上其實並沒有多大的差別，而最終的成敗就看誰更有智慧了。智慧可以讓人的氣場得到提升，同時也可以讓人在關鍵時刻扭轉局面。那些有智慧的人，總是他人崇拜和尊重的對象，而他們的氣場通常也會比普通人要強大好多，所以，往往能更加引起人們的關注。

智慧就是我們上進的力量，有了它，我們體內的潛能就會被激發出來。其實每個人都有很多沒有發揮出來的能量。這種能量就是潛能。倘若被激發出來，就會給人生帶來無法想像的改變。智慧則是激發這種能量的導火線。倘若一個人意識到了這種力量的存在，而且用更加積極的態度去對待和運用它，他最終能如願以償的得到人生甜美果實。

智慧，是我們的氣場由弱變強的催化劑，在人生的道路上，倘若我們有著很高的才華，那麼智慧會讓我們的人生變得更加絢麗多彩。只要我們能比別人更有智慧，那麼成功對我們來說就會變得更加簡單。

人生在世，若想要鶴立雞群，想要綻放異彩，那就應該擁有積極的態度，因為態度積極了，我們的智慧才能發揮更好的作用，才能明確的知道勝出的方向。我們要永遠記住，沒有什麼人能模仿我們的才華、複製我們的能力。不論在什麼時候，我們都要充分展示出自己的個性，因為這是我們賴以成功的資本。因為一個人的智慧對他的一生都有重要的影響。

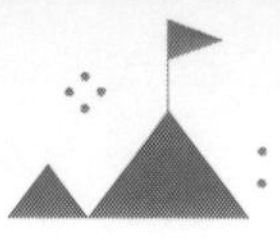

氣場是智慧的花朵，而成功和失敗則是智慧的果實，所以，我們究竟是成功了還是失敗了，和我們的智慧也有非常重要的關係。有智慧的人，往往能讓自己的氣場向他人施以最大程度的展示，不論他身處何地，面臨什麼樣的處境，只要讓自己的智慧發光，他的氣場就會結出豐碩的成果。

積極利用你已經擁有的東西

我們通常都認為，模仿成功者我們也能取得成功。但是事實並非完全如此，生活中有不少人經過自己的實踐後發現，不是所有的成功都是能模仿到的。比如比爾蓋茲，很多年輕人都把他當作模仿的對象。

在許多年輕人眼中，比爾蓋茲在大學中途放棄學業，最終成就了一番大事業。於是，他們就盲目的認為文憑真的對自己的未來沒有多大的用處。所以他們就想：那我們為什麼還要這麼守規矩呢？為什麼就不能像比爾蓋茲一樣拋棄沒用的書本知識，離開沒有意義的課堂，而去在現實生活中做自己喜歡的事情呢？其實，這樣的言論是很盲目的，人和人是不一樣的，我們每個人都應該從自身能力和周圍環境的實際情況去出發，而不能想當然耳。

我們不要把自己隨隨便便的和他人去做比較。比爾蓋茲沒有讀完大學就退學有這些優勢：

第一，與他富裕的家境有著很必然的關係。他的父親是一位資深律師，母親是銀行家的千金，所以，自小他的物質條件就特別豐富，那當然就會有更多的機會去接觸和學習新鮮事物。

中學時代，蓋茲是在一所私立學校度過的。該學校曾花費三千多美元購置了一批程式設計機器。所以，年僅十三歲的蓋茲有機會去接觸到電腦程式設計。這讓他成了全球第一批接觸電腦程式設計的人員之一。當他從哈佛退學之前，他的電腦程式設計經驗已經超過了一萬小時。這一切，讓蓋茲完全沒有後顧之憂，所以他能夠放心、從容的退學而自己去創業。

第二，當時在哈佛的學習，沒有讓比爾蓋茲感到有興趣的科目，雖然他對電腦這個領域非常喜歡，很想學習，但那個年代哈佛還沒有開設電腦科系，從全球範圍來看，當時的電腦領域才剛剛開始發展，體系尚不成熟，還沒有達到能在大學開設課程的程度。而他在哈佛讀的是法律系。這和他的喜好相差太遠，所以他才放棄了學業。

第三，比爾蓋茲能在電腦領域做出自己的巨人貢獻，這與他家顯赫的家庭背景不無關係。當初正是由於他的母親瑪麗．蓋茲為他張羅了各方面的資源，為他創造了這個平臺，否則，就憑當時的比爾蓋茲這樣一個毛頭小子，大學都沒讀完還想進國際商業機器公司，那怎麼可能呢？更談不上他能去創造屬於自己的事業了。

所以，有了上述重要的外在條件後，比爾蓋茲的商業眼光和技術才能真正派上用場。我們可以想想自己的各方面條件。想想自己是富二代或者官二代嗎，家庭富有嗎？會有人為我們提供打拚的機會嗎？因此，不要一味盲目模仿他人，人和人之間的條件都是不一樣的，要走自己的路才行。

當然，我們並不是說若想成功就一定要擁有像比爾蓋茲那樣的條件才行。任何人都有自己的優點和特長，我們只要能將自己已經擁有的東西綜合利用起來，讓它們發揮最大的作用，我們同樣可

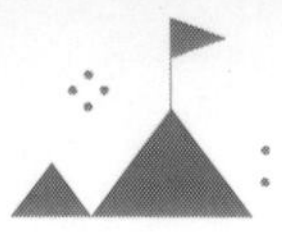

以打造出屬於自己的一片天。

《魯賓遜漂流記》故事中的主角魯賓遜，就是善於利用現有條件的典範。

當他遇到船難而流落荒島時，他既沒有抱怨自己的命運，也沒有情緒低落的哀嘆，而是在完全與世隔絕的情況下，利用島上的一切可用的資源和自己在水手時代的訓練所得到的各種技能，包括地理方位定位、天象人文觀測、日移與潮汐變化等觀測法，他不顧危險，挑戰極限，結果終於在多年的努力下成功返回到了親人身邊。

從這個故事中，我們可以看出：只要我們擁有一技之長，能將盡可能多的資源進行整合利用，這就可能為自己創造走向成功的機會。所以，從現在開始，我們不要只是一味羨慕別人的成功，而是要把自己現在已經擁有的東西掌握利用好，這就能為我們打造出強大的氣場，從而創造出美好的前程。

學會換個角度，始終保持積極向上

生活中，人們會難免出現慣性思考，但慣性思考對我們認識周圍的事物並不是特別有利的，因為它會僵化我們的思維，扼殺我們的創意。這時候，我們就需要學會去換個角度想問題。

當你換個角度去面對生活的時候，你會發現，自己的慣性思考已在不知不覺中被破解，種種創意也會湧上你的心頭，你所面臨的困難也會出現轉機。所以，換個角度會讓我們的氣場能量依然保持積極向上。

一九三十年代初，美國遭遇了史上最嚴重的一次經濟危機。當時，銀行關門、企業倒閉、工人失業，美國經濟幾乎陷入癱瘓。這時候要找到一份工作可不是容易事。當時，一位年輕的女孩用了好幾個月時間終於找到一份珠寶店的售貨員的工作。

耶誕節前夕，珠寶店裡來了一位年輕的男顧客。這位顧客穿著乾淨整齊，一看就是個有修養的人。但從他的憂鬱表情上可以看出，這次的經濟危機，給他的事業也帶來了沉重的打擊，他正承受著事業失敗的不幸。

下班時間到了，顧客們相繼離去，其他的店員也剛剛走了。店裡就只有這位年輕的女孩一個人。「歡迎光臨」女孩微笑著對那位男顧客說。那位男子很不自然的笑了一下，趕緊將目光從年輕女孩的臉上移開，好像在說：我只是隨便看看而已，妳不用理我。

突然，電話響了起來。這位女孩準備去接電話，她正往電話旁邊走，可是不小心將櫃檯上的一個盤子給打翻了。這個盤子裡盛的是五顆閃閃發亮的寶石。於是，女孩急忙彎腰去撿。可是，盤子裡共有五顆，她在地上找來找去還是只有找到四顆。女孩正納悶呢，抬頭向四周一看，發現剛才的那位男子正在向店門口走去。

此時，她突然想到了第五顆寶石在哪裡了。那位男子剛打開門，年輕的女孩柔聲叫道：「對不起，先生。」那位男子轉身過來，兩人目光對視，可是都沒有說話。年輕的女孩開始害怕了，要是這個人拒不承認怎麼辦？要是他動粗怎辦？……「怎麼啦？」還是男子先開了口。

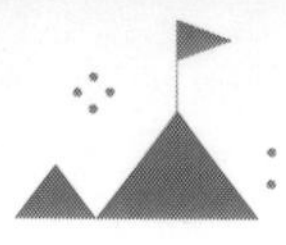

年輕女孩極力控制自己的緊張心情，她鼓起勇氣對那位男子說：「先生，這是我的第一份工作，現在找份工作的確很不容易，我想您也深有體會，是吧？」

「是的！確實是這樣。」他回答，「但是我可以肯定，妳在這裡將會做得不錯。」說完，他向前走了一步，把手伸向她，「謝謝！」年輕女孩也伸出手，兩隻手緊緊握在一起，這時候，年輕女孩感到，那顆寶石正好在自己的手心。隨後，男子緩緩離開，消失在暮色中。年輕的女孩看著這個逐漸消失的背影，將手中的第五顆寶石放回盤子裡……

這個故事告訴我們，在生活中遇到困難時換位思考，以你的真誠和愛心就可以得到美好的回報。那位年輕的女孩就是成功的運用了換位思考的方式，打動了男子的心，使他改變了自己不正確的行為。

由此看來，當你受到別人傷害的時候，要是依然能真誠的站到對方的角度，想到他們的需求和感受，這時在積極氣場的影響下，就可能會有你所意想不到的積極回報悄然降臨在你身上。

換個角度，你將會擁有一個全新的世界。平日裡，你可以選擇一些自己喜歡的方案多參加健身活動，或者堅持長期晨跑，在運動中轉換自己的思維；節假日，你可以選擇離開都市，多多親近、感受大自然，讓自己享受陽光、熱愛生活。這樣一來也能轉換你的思考角度，讓你能從緊張的工作和生活中放鬆下來，同時也讓你的氣場得到重新煥發活力的機會。

人生不如意的事十之八九，就像一座山一樣，有高峰也就必然有低谷。當你走到人生低谷時，千萬不可自卑，更不要抱著破罐子破摔的態度。此時，你不妨換個角度：正是由於人生會有不少失敗，所以我才付出百倍的努力，才懂得把握現在，珍惜擁有。即使我的努力沒有取得暫時成功，但這次經歷也將是我成長路上的一筆財富，都是值得的。

所以，當我們處理事情和解決問題的時候，從一個角度看，你可能找不到突破口，一籌莫展，換個角度去思考，你就會發現，原來這個問題並不難解決。這樣，你的態度積極了，氣場也就積極了，從而形成良性循環，讓你的人生越走越成功。

做自我引導，提升你的「志商」水準

在每個人的心裡，都蘊藏著一種強大的力量，這種力量對我們的氣場有很大的幫助和提升。當這種力量在沒有被喚醒之前，它一直沒有發揮作用。而那些懂得讓它的力量發揮作用的人，則早已受到它的恩惠，成為各樣各業中的領頭羊。事實上，這種力量並不是我們常聽到的智商、情商或者財商，而是「志商」，也就是人的意志力。

其實，現實中許多人的意志力都經不起考驗，他們的生活也只能說是隨波逐流。雖然他們可能也曾經產生過改變現狀的想法，只是每次都成了意志力的手下敗將。因此，提升我們的「志商」對我們每個人而言，都是意義深遠的事情，它將使我們受益終生。

想要提升「志商」，我們可以從以下幾點做起：

第一，要擺正心態

我們沒有必要時刻都把自己放在考驗意志力的狀態下，因為這樣反而容易出現反作用。心理學研究表明，當我們越在意意志力對事情所產生的影響，我們的意志力就越容易被耗盡，而且做事情也更容易半途而廢。所以，要擺正自己的心態，用輕鬆的狀態去投入到工作和生活中去。

第二，做自己覺得有意義的事

在一般情況下，當我們覺得做這件事有意義，那就會樂意去做，這樣一來，我們就會下意識的減少對這件事的排斥心理，從而讓自己的行為更能長久的持續下去。所以，當我們做的事符合自己的心意的時候，這件事情往往能更容易完成，這對培養我們的意志力也很有益處。

第三，要善於做好計畫

做事就要懂得制定一個詳盡的計畫，要對可能出現的問題事先做出預測和安排。這樣就算在執行的過程中遇到問題也不會因為措手不及而弄得焦頭爛額。更重要的是，制定計畫能增強我們做事的信心，從而也讓我們的意志力更上一層樓。

第四，不要太貪心

我們做事不要總想著一舉多得，不要總想著一勞永逸，因為這樣的事情不會總是發生。它只能將我們的意志力分散，讓我們沒有足夠的意志力去完成任何一件事。

第五，控制自己的思想

我們的意志力強弱在通常情況下會與思想控制情況有直接關係。西方的一位哲學家曾經說過：「一旦你意識到你能夠讓積極的思想排擠掉消極的思想時，你就朝著自律的一生前進了一大步。」所以，無論我們做什麼事情，都要記住，讓自己的思想始終保持在積極的狀態。

第六，學會分解目標

我們常說目標要長遠，所以有的人的確把自己目標定得很長遠，這當然沒有錯，關鍵是長遠目標的實現並不是一朝一夕之事，我們很容易在執行的過程中半途而廢。所以，為了防止這類事情的發生，我們就應該學會分解自己的目標。具體而言就是把自己的大目標分解成若干個小目標，然後逐步去實現。這樣操作起來會簡單很多。

第七，學會適當的休息

任何人的精力都是有限的，當我們全力以赴完成了一件事情，在各方面的消耗都是很大的，比如體力，意志力等等。這時，我們應該讓自己有一個休息的時間，以便積蓄力量去完成下一階段的任務。這樣就能讓我們的意志力、體力等得到一定的恢復。否則，處在人困馬乏的階段，就很可能會造成後面的事情心有餘而力不足。

在這個世界上，能真正對我們負責的人不是別人而是我們自己。決定命運的尚方寶劍其實在我們自己手裡，就看我們能否用好它。而若想讓命運的尚方寶劍發揮出最大作用，我們就要快速提升我們的「志商」水準，當我們的「志商」強大了，才能在面臨障礙的時候不畏懼、不退縮，實現我

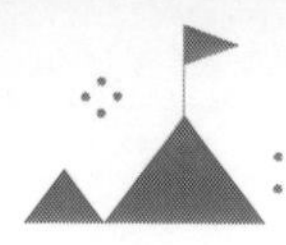

們的夢想這事才不至於落空。

做做心理練習，建立新習性

自然界中的所有動物都有自己的習性，比如蝙蝠有晝伏夜出的習性，豬有好吃貪睡的習性。其實，我們人類也有自己的習性。比如誠實、勇敢、散漫、懶惰等等，這些都是人類習性的不同表現。

好的習性同樣能營造良好的氣場，讓我們更積極的面對生活，從而有更大的機會敲開成功的大門；而壞的習性對我們的前程並沒有幫助，它只能讓我們在困難面前一蹶不振，直至最終的失敗。雖然我們有很多習性都是先天帶來的，可是後天的培養也對習性的養成有很大影響。

下面，我們就來看看如何透過心理練習而建立我們的新習性。

第一，我們要先給自己尋找一個環境，這種環境要能因為我們的壞習性而對我們產生不良影響。比如，你在平日裡非常缺乏耐性，每次去銀行辦事，看到排隊的人太多，就可能會在排了一段時間隊之後轉身離去。在這種情況下，我們既浪費了剛開始的排隊等待時間，還沒有完成自己應該完成的事情。這就是我們可以選擇的場景，現在我們可以假設自己已經進入到這樣的情境中。

第二，我們要找到經常讓我們轉身而去的那個時間點，然後就想辦法找出可以替代這種缺乏耐性行為的新行為。那麼我們要透過什麼方法來找出這個新行為呢？

做做心理練習，建立新習性

這時我們就可以盡量發揮想像力，盡可能的思考多種選擇。比如，我們可以選擇從旁邊的報刊架上拿一份報紙；也可以選擇戴上耳機聽音樂等等，不論我們選擇什麼方法，最終的目的就是要讓自己堅持等待下去，而不是半途而廢。

要很好的使用這種方法，我們就應該隨身攜帶一兩樣會用到的工具。倘若我們目前還沒有這樣的習慣，那麼就要先把這個習慣培養起來，這樣的做法就運用了磨刀不誤砍柴工的道理。

當然，生活中也有一些人在排隊等候的場合不攜帶任何物品，這樣做我們也不能予以否定。因為有的人能在沒有任何工具的情況下，就能哼著小調或是在腦海中進行各種想像來消磨排隊等候的時間。這樣看來，它可能比前一種習性更好。

還有一個問題，很多人在掌握這個方法後不能很好的堅持下去，進而影響了新習性的養成。其實，大多情況下並不是人們主觀上不想做得更好，而是人的天性就是如此，常常忘記本來要做的事。這就要進行心理練習的第二階段，把新行為與某個觸發事件做聯結。

觸發事件就是可以提醒你的舊習慣，或是可以與新習慣聯繫起來的事。例如排在長長的人群之中，對於缺乏耐性的你這絕對是觸發事件。觸發事件發生的頻率越高，對你想起新行為的刺激越大，你的新習性也更容易建立。觸發事件並不是每天都會發生，所以我們可以借助觸發因素勾起對觸發事件的記憶。例如你每天拿起鑰匙的時候，就想著把耳機放進口袋。這時鑰匙就是觸發因素，令你想起觸發事件。當然你也可以尋求其他觸發聯結，把耳機放在鑰匙的旁邊，這樣記起來就更容易了。

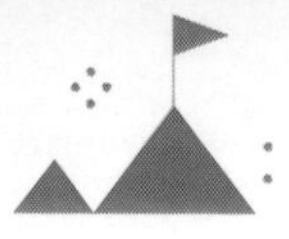

心理練習也要注意，一定要堅持，要不斷的重複練習，因為好習慣是在長期鍛練中形成的。一個新行為，需要不斷的重複才能取得成功。當我們堅持下去了，才可能讓自己形成一個好習慣，而在好習慣的促使下，我們的氣場也會逐漸得到提升。

心理練習的目的就是為了改變我們那些不好的舊習慣，讓自己的思想和行為都走向好的方面，讓我們的氣場能量給予我們力量，促使我們向前走。用好的習慣去改變自己的命運，讓我們能更成功。

積極的態度從哪裡來

對我們而言，消極的態度是非常可怕的。它總是想盡一切辦法來蠶食我們的心靈，而且也有不少人習慣於消極的對待生活。你的態度是什麼樣的，你的氣場就是什麼樣的。我們的氣場在積極態度的引導下，會變得更積極、更強大。相反的，在消極態度的影響下，氣場也會越來越消極。從而讓我們的人生籠罩在消極的烏雲之下。

有這樣一則故事：

一位年過六旬的老太太，按常理說，到了晚年應該享享清福。可是，讓人出乎意料的是，她生活得一點也不快樂。整天都情緒低落，無論什麼天氣，她幾乎沒有一天開心過。

村裡的人看見她這樣的狀態，都不知道是什麼情況？一天，村裡來了一位老禪師，當他聽人們說了老太太的事情後感覺到很好奇。於是就來到了老太太家裡了解情況。

老太太告訴禪師說，她之所以整天不高興，就是在為自己的兩個女兒擔心。她說，她的大女兒是開染坊的，小女兒是賣傘的。每當下雨的時候，她就擔心大女兒的染坊生意不好；而每當天晴的時候，她又擔心小女兒的傘賣不出去。所以，她整天都為她們擔心，所以心情沒法好起來。

禪師聽了老太太的話後，勸她改變一下消極態度，讓她從積極的角度看問題：如果下雨，小女兒的生意就會好；而如果天晴，則大女兒的生意就會興隆。

經禪師這樣一開導，老太太頓時覺得心情好多了。從此以後，她的生活態度改變了許多。再也不愁眉苦臉了，日子開始變得甜美幸福了。

事實上，老太太的生活並沒有什麼實際的變化，只是她的生活態度發生了變化，她的態度積極了，所以氣場也積極了，於是就為她帶來了不同的感悟和生活。

其實生活本來就沒有所謂的完美無缺，倘若我們總是從消極的角度去認識它，那麼我們看到的一切都將無比黑暗。這是因為我們消極的心理，讓自己的氣場披上了消極的外衣，所以這個時候，我們會認為整個世界都是消極的；相反的，倘若我們從積極的角度去觀察生活，這個世界都是光明的。這是因為積極的心理產生了積極氣場，所以我們眼中的一切都是積極的。

在生活和工作中，若是遇到了挫折，我們應該精心思考究竟是問題出在什麼地方？這才是正確的做法。透過思考我們就會發現是自己的方法出了問題，並不是上天不眷顧我們；當我們的人際關係出現問題時，就應該多自問自省，這樣我們就能明白是由於自己在待人接物方面還做得不妥當

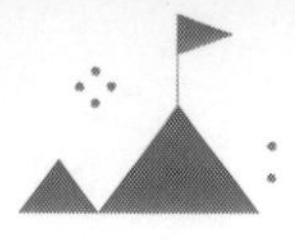

而造成的，並不是別人有意針對我們……這就是積極的氣場。積極的氣場就是這樣在一點一滴中形成的。

積極氣場的核心就是積極向上的生活態度。當我們學會了用積極的態度去替代消極態度，不但我們的氣場會轉向積極的方面，而且在氣場作用之下，身邊的很多事情都會變得對我們有利。

我們不要始終抱著消極的態度去面對生活，也不要整天抱怨說自己命不好。因為真正的原因在於我們沒有讓自己形成積極的氣場，在於我們沒有認真的付出，沒有用對方法；當我們有朝一日成了富翁，也不要沾沾自喜的認為這是老天對我們的眷顧，其實這些都來自於我們的積極氣場。積極的氣場賦予了我們上進的動力，我們在它的推動下付出了辛勤工作，於是便收獲了相應的回報。

生活必然有貧窮和富有，也必然有悲傷和快樂，這一切其實都是氣場運作的結果。而那些敢於面對生活、熱愛生活並且總是能以最積極的態度面對生活的人，才能真正的讓自己的氣場變得積極，從而讓自己的人生變得美好起來。

三、氣場修練之終極實戰

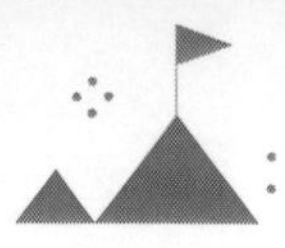

積極的心態，前進的力量

我們對於萬事萬物，都可以有兩種心態去看待：即正面、積極的觀念和負面、消極的觀念。如何看待這一正一反就是我們的心態。人們的心態完全是由自己的想法決定的。心態對我們的生活和工作都會產生很大的影響，與此同時，它也會對我們的氣場產生影響。

我們來看看這樣一個故事：

一位學者去一所大學找了十名學生做試驗。其實這個試驗很簡單，要求這十名學生按學者的指揮，只要走過一座彎彎曲曲的小橋就完成任務了。學者在試驗開始前還提醒他們說：「最好不要掉下去，當然如果掉下去了也沒關係，下面只有一點水而已。」

這十名學生聽了學者的要求後便迫不及待的走上了那座小橋。當他們走到橋的那邊後，學者打開了一盞黃色的燈。透過燈光，這十名學生往橋底下一看，頓時都心驚膽戰——原來橋底下不但不像學者所說的僅僅有一點水，而且還有幾條可怕的鱷魚。這時，學者問他們：「這回誰有勇氣再走回來？」十名學生你看看我，我看看你，就是不敢向前邁出一步。

學者便開導他們說：「同學們，大家不要怕，你們可以使用心理暗示的方法，想像自己走的是很堅固而且很寬闊的鐵橋……」經過學者的一番鼓勵，終於有三名學生站出來打算再次過橋。

結果，第一個人才走了幾步就嚇得不敢前進了；第二個人邊走邊發抖，好不容易走了一半但他也退縮了；第三個人費了好大精力，總算走完了全程。可是等他走完後，全身的衣服都被汗水給溼透了，而且花的時間比他第一次多出二倍。

這個時候，學者把所有的燈都打開了。大家發現，鱷魚的確是真的，可是在橋和鱷魚之間設置了一層鐵絲網。只是網也被塗上了黃色，在黃色燈光的照耀下看不清楚。「現在大家完全不用怕了。都走過來吧！」學者對學生們說道。於是學生們都開始往橋上走了，結果還是有一個學生不敢走。學者問他為什麼，他說：「我擔心那張鐵絲網不結實。」

這位學者做這個試驗的目的就是為了測試心態對人的氣場影響以及對人們能力和作為的影響。剛開始沒有開燈的時候，十名學生的心態都很良好，所以大家的氣場都是積極的，都很順利的過了橋。而當打開了一盞黃燈看見鱷魚時，十名學生的心態便發生了變化，所以他們的氣場也隨之改變。消極的氣場讓所有人越想越恐懼，於是就不敢前進了。但當所有燈都開啟，大家都明白了真相的時候，他們便調整了自己的心態，把自己的積極氣場重新建立了起來，無所顧慮的走上了橋。只有最後一個學生沒有勇氣再次走上橋。其根本原因還是由於他那負面、消極的心態所造成的。

正面、積極的心態會讓我們的氣場也變得積極，於是便能產生前進的力量，從而把很多積極正面的事物都吸引到我們身邊；而負面、消極的心態會讓我們的氣場變得消極，這樣就會牽絆我們前進的步伐，讓一些消極、昏暗的事情來到我們身邊。

倘若我們是一個團隊的經理或是成員，那麼肯定會對上面的理論有比較深刻的體會。假如，一天早上我們剛來到公司就發現很多同事都看起來充滿了沮喪，做事沒有動力，於是我們也會產生不安。倘若這個時候，幾位同事討論說：「我們公司這回完了，這個專案損失慘重。」、「聽說老闆捲

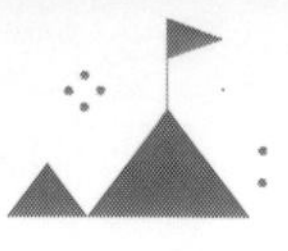

款潛逃了！」、「看來我們從今天開始要失業了！」只要有類似這樣的壞消息，頃刻間就會讓整個辦公室裡的人都變得異常消沉，先前充滿戰鬥力的狀態必然會蕩然無存。

倘若我們是其中的一員，一定能感受到這種具有強大傳染性的氣氛。這是消極心態形成消極氣場的強有力的證明。

當然，像這樣的傳染性氛圍也會出現有相反的情形。比如，當我們得知公司將面臨倒閉的時候，於是便懶洋洋的走進公司，原本打算收到公司正式通知後就走，可是這時候卻發現大家都在拚命工作。「我們要努力了，公司的命運就靠我們了！」、「相信我們這次一定能共渡難關！」在這樣的氣氛中，我們就可能會像馬上從夢中清醒過來似的，馬上會調整好自己的心態，快馬加鞭的投入到緊張的工作中，讓自己也融入到整個團隊的積極氣場中。

既然心態對我們的氣場可以產生影響，那麼我們為什麼不去調整自己的心態呢？為什麼不讓自己的心態更正面、更積極呢？這樣一來，我們的人生也會得到很大的改變。

學會主宰情緒

每個人的情緒都會根據不同的事情和不同的環境而產生相對應的變化，這是很自然的。而如果我們在社交過程中不善於控制自己的情緒，就可能導致社交失敗。如果我們不能控制好自己的情緒，說生氣就生氣，這可能給他人留下不成熟、不可靠的印象。

所以，學會控制自己的情緒對我們而言是一件很重要的事，當然我們也沒有必要一定要做到「喜怒不形於色」，這樣有時反而會讓人覺得你城府太深，不可捉摸。但是，我們的情緒表現絕不可過度，特別是生氣。

倘若我們在平日裡不易控制自己的情緒，不妨可以這樣做：一旦一件事情剛剛引起了我們的情緒時，那就要趕快離開現場，讓自己的情緒穩定了再回來，倘若沒有地方可暫時躲避的話，可以透過深呼吸來調節情緒，這時不要說話，一會兒就會調整過來。越能控制自己的情緒，我們在別人心目中就會呈現出「沉穩、可信賴」的形象，雖然即使這樣我們也不一定能得到重用，或能讓自己的事業得到立竿見影的幫助，可是，在為人處世的過程中，控制情緒總比不控制要好。

一些偉大人物都是控制情緒的高手，當面對突然的變故時，他也依然能做到鎮定自若。因為他們很清楚，倘若自己慌亂，那只能讓自己的決策受到影響。倘若自己慌了，那周圍的人就可能更沒有主見了，這就可能造成整個局面都混亂不堪。於是，他們常常會大喝一聲：「慌什麼？」這句話，其實既是安慰他人，也是暗示自己的。

下面我們就來學習一下控制情緒的方法：

第一，學會完全主宰自己

要控制好情緒，都要經過一段嶄新的思考過程。而這個過程是比較艱難的。因為在日常生活中，總會有很多力量去試圖破壞我們的個性，所以很多人從小到大都清楚自己很難克服某種的情緒。所以，對於這些無法克服的情緒就只好接受它們。但我們要明白：只有我們學會按照自己選定

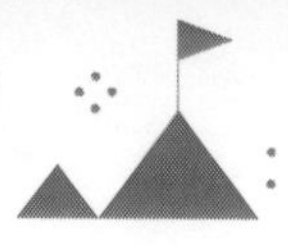

的方法去認識事物，才能真正的主宰自己。

第二，善於為自己的情緒尋找適當表現的機會

有的人會在他們激動的時候，去做一些適當的運動，這就能讓因緊張而動員的「氣場能量」獲得一條出路，有的人會在自己情緒不安的時候找知心朋友傾訴，當他把想說的話都說出來之後，心情自然就會平靜許多。也有人透過觀光旅遊來讓自己離開那容易引起情緒激動的環境，從而就能避免心理上的不痛快，而當到旅遊歸來的時候，可能就因為事過境遷，原有的問題已不再讓他為之煩心了。

第三，進行獨立思考

每個人的情緒都來自於他的思考，因為我們的思考可以控制，所以我們的情緒也是可以控制的。當我們認為是某些人或事給我們帶來悲傷、沮喪、憤怒、煩惱和憂慮，其實這種想法並不見得是正確的。我們完全可以改變自己的想法，也完全可以選擇自己的感情，於是新的思考和情緒就可以因此而產生。一個健全和自由的人總是透過不斷的學習而能用不同的方式去靈活處理問題，這樣才能學會主宰自己。

倘若我們是樂觀的人，就比較容易能的找到控制自己情緒的方法，而且能讓自己每時每刻都為有價值的事而生活，這就是聰明的做法。遇到問題若能夠順利的解決，當然能為我們的幸福增添光彩。倘若我們無法解決某個問題時，只要你依然保持樂觀的心態，那就能充滿信心，這個時候，我們就能掌握自己的情感。當我們為自己的選擇而感到幸福的時候，我們的情緒一定是穩定的、真實的。

那些能將自己的情感順利控制的人是不會垮掉的，因為他們能夠主宰自己，能夠將自己的氣場穩定住。他們明白當失意時該怎樣去尋找快樂，他們也明白該如何對待生活中的問題。他們往往不讓消極情緒去影響自己的氣場，而讓積極情緒幫助自己的氣場更有魅力。

順其自然，讓心不再動搖

從前，有一位老爺爺留著很長的鬍子。有一天，他的小孫女問他：「爺爺，我想知道你晚上睡覺的時候是把鬍子放在被子裡面呢還是放在被子外面呢？老爺爺還真被小孫女的問題給問倒了，他想了半天也不知道該怎麼回答。於是到了晚上睡覺的時候，他便特意試了試，但這一試，竟然讓他一個晚上都沒睡好。因為他發現不論是將自己的鬍子放在被子裡還是放在被子外都很不舒服。可是在此之前，他從來都沒有注意過這樣的問題，也沒有因為這件事而失眠過。

這個故事中的老爺爺，其實原來的生活挺平靜、安逸的，可就因為太在意要將自己的鬍子放在何處，所以讓自己寢食難安。這說明了他並不懂得順其自然的道理。

人世間的很多事情就是這樣，當我們越在意它，它會越讓我們感到不自在；當我們越注重它的結果，它就可能越向相反的方向發展。這就像要參加一次重要考試，有的人越告誡自己千萬不要緊張，反而在考場上他就越容易緊張；有的人越想將自己的工作做得更好，卻越難以處理好上司交代

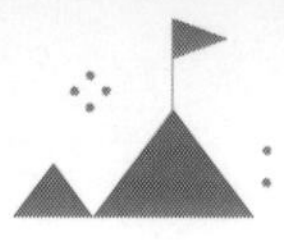

給他的事。

生活中，人人都難免會遇到一些災難和不幸，這些對我們而言是無法選擇的，也是無法逃避的。所以，當我們面對這些事情的時候，最好的解決辦法就是順其自然，要學會默默接受或不將其放在心上，從而避免讓自己陷入痛苦的深淵而無法自拔。

盛夏，庭院的草地因缺水而枯黃了一大片。孩子說：「快撒點草種子吧。」

父親揮揮手道：「隨時！」

中秋，父親買了一包草種子，叫孩子去播種。

就在這時，吹來陣陣秋風，這個時候孩子說：「不好了！好多種子都被吹飛了。」

「沒關係，能被吹走的多半是空的，即使撒下去也發不了芽。隨性！」父親說。

撒完種子的第二天，就飛來幾隻小鳥在草地裡啄食。這時孩子急得直跺腳「種子都被鳥吃了！」

父親說：「沒關係！種子多，吃不完！隨遇！」

夜裡下了一陣驟雨，第二天一大早小孩子便衝出房間：「爸爸！這下真完了！好多草種子被雨沖走了！」但是父親說：「水沖到哪兒，它就在哪兒發芽！隨緣！」

十天後，本來光禿禿的地面，居然長出很多青翠的草苗。一些原來沒有播種的地方，也泛出了綠意。這個時候小孩子高興得直拍手。但這時父親卻點頭說：「隨喜！」

父親所說的「隨」不是隨便的意思，而是順其自然，不強求、不過度、不忘形。他的話道出了人生的真諦。

生活中總有一些人為了追求完美常常絞盡腦汁，但最後還是把事情做得一塌糊塗；有些人為了逃避痛苦，常常殫精竭慮甚至寢食難安，但依然逃離不了上天的責難。事實上，生活中遇到難過的關卡，那是很正常的事情，我們與其輾轉反側，苦苦思量，倒不如像故事中的這位心胸開闊的父親一樣，做到凡事順其自然，不要去刻意強求得到什麼，說不定就可能會另有一番收穫。「有心栽花花不成，無心插柳柳成蔭」說的也正是這個道理。

當然，我們在這裡所說的順其自然並不是要向困難屈服或是坐以待斃，不去尋找和創造機會。而是說，順其自然追求的是不強迫的精神，這是自信和樂觀的表現，是讓人們感到輕鬆、快樂的好方法，是走向成功的祕訣。

順其自然是一種處世的藝術，誰能在自己的一生中領會它並能在自己的生活中加以運用，誰就能為自己的氣場增添活力，誰就能讓自己的生活更加美好。

別把抱怨當成生活習慣

雖然說我們都知道，抱怨根本就解決不了問題，可是生活中，總有不少人就是愛抱怨。整天抱怨這個抱怨那個，抱怨自己命不好，抱怨工作太難做，或是抱怨自己的丈夫沒本事，賺不了大錢，讓自己跟著受苦受累……

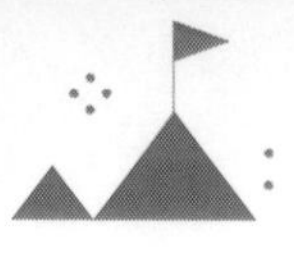

丹菲和俊哲是戀人，而且還是大學同學，關係一直都很好。畢業後他們打算在臺北發展，當工作都穩定下來了就結婚。因為兩人都是南部人，在臺北沒有什麼關係，所以工作完全都靠自己打拚。

丹菲在一家廣告公司找了一份工作，薪資很低，主要以拉廣告的抽成為主。在她剛剛進入這家公司的初期，上司帶著她做了一段時間，後來等她熟悉了基本情況後就開始自己獨立去跑業務了，可是她幾乎拉不到客戶。每次和客戶談的時候，人家都說考慮考慮，但是每次都在這樣的情況下結束洽談，而最終等到的則是一次次的談判失敗。

她不但在客戶那碰壁，而且回到公司後又受到上司的折磨，每次的廣告文案都讓她改來改去的，她花費了很大的心思，每次都工作到大半夜。如此的努力，可是當她滿懷信心的把自己的任務交上去時，卻總在上司那被批得體無完膚。她心裡很不是滋味，回家就跟男友抱怨。

她的男友俊哲在一家行銷公司做策劃，他在行銷方面的經驗比較豐富，這個公司是新成立的，由於能力強，所以得到了老闆的重用。老闆將公司的專案交給他負責。所以，他每天都很忙，總是早出晚歸，就連晚飯都很少在家吃。

這種情況和原先在老家的時候產生了很大的不同。當時在南部的時候，男友對她相當照顧，家務都是男友包了，而且俊哲還經常給她做大餐，在週末的時候，總是陪她去逛街。而來到臺北，這種變化大的讓丹菲有點接受不了。所以她便抱怨男友對自己的關懷少了，連個電話也不打給她，陪她逛街那就更不可能了。而且丹菲還抱怨男友對她工作上的壓力不聞不問，每次回到家倒頭就睡，就更別提什麼浪漫晚餐了。

由於工作上的不順，加上生活上和先前的差距那麼大，丹菲就有些牢騷滿腹，還想辭掉工作。男友聽了她的這些話後只覺得她不會檢討改善工作，不懂得打好人際關係。於是兩個人就這樣在觀點上存在了分歧，便開始經常小吵小鬧，兩人的關係一下子就疏遠了。

事實上，愛抱怨的人都是當自己感到不順的時候就抱怨，上述案例的丹菲就是這樣。她抱怨男友，可是最後的結果怎麼樣呢？她經常吵鬧，不但沒有讓自己的問題得到解決，而且還影響了自己和男友之間的關係，這是太不值得了。

生活中，愛抱怨的人的確比比皆是。當他們看到別人的光輝燦爛而自己相差甚遠時，就覺得對方是上帝的寵兒，享受了一切的福氣。所以，「為什麼我會這麼不幸？」、「為什麼周圍的人都過得比我好？」等這類抱怨的話就會掛在嘴上，讓自己淪為一名慣性抱怨的人。

人生不可能事事都順心，偶然發洩一下當然無可厚非。可是，倘若慣性的抱怨他人或自己，那就不好了，抱怨的態度會使我們的氣場吸引來更多想要抱怨的事，它不會帶來任何有益的東西，而只能降低我們處理和解決問題的能力，同時還會影響我們對生活的熱情，破壞自己的人際關係，讓我們周遭的一切事物都走向更壞的方向。

倘若我們把抱怨當作自己的生活習慣的話，這樣的生活是非常乏味的，我們的未來也將是灰暗的。既然抱怨對我們沒有什麼益處，那我們為什麼還要抱怨呢？

所以，我們不要再抱怨自己的丈夫窮、妻子醜，不要再抱怨自己沒有出生在一個富裕的家庭

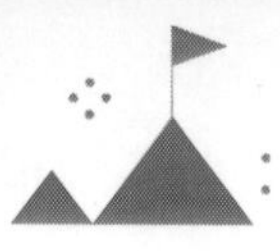

裡；不要再抱怨自己的工作那麼累，而薪資還那麼少……其實，現實生活總有不盡人意的地方，我們應該把這些不如意當成走向成功人生的墊腳石，學會不抱怨，維持更好的氣場，讓它幫我們登上輝煌高峰。

猜疑，讓你失去吸引力

除了抱怨能給我們的氣場造成負面影響的同時，猜疑也是對氣場造成負面影響的一個因素。猜疑常會摧毀光明，讓我們看到的只是持續的黑暗。

從前有一位老農夫找不到自己的斧頭了，於是就懷疑是鄰居家的兒子偷走了。於是他便帶著這樣的有色眼鏡去觀察他。結果他看那位孩子走路的樣子，就像是偷了斧頭的；看他的種種表情，也像是偷了斧頭的；聽他所說的話，更像是偷了斧頭的。所以，那位孩子的言行舉止，怎麼看都像偷斧頭的。

可是第二天，當他從自己的家裡找到了他的斧頭後，結果再碰到鄰居家兒子的時候，就覺得他怎麼看都不像是偷斧頭的人了。

生活中當我們沒有弄清事情真相的時候，最好不要猜疑，不然就會像上面的老農夫一樣，可能會造成莫須有的情況，甚至有時候，猜疑會成為害人害己的禍根。這樣的事例在日常生活中的確不勝枚舉：因為猜疑，導致夫妻離異；因為猜疑，導致朋友反目成仇；因為猜疑，導致親人大打出手甚至釀成悲劇……

對待生活，我們應該做到：不要無中生有的去懷疑別人，也不要輕信流言蜚語，應該學會經常進行自省，要讓那些錯誤的猜疑儘早消失。

一旦我們遇到一些自己不確定的事情，就一定要克制自己無端多疑的情緒，要用自己的真誠去交往和了解他人，從而獲得正確的認識和準確的判斷，把那些多疑的缺點丟掉，從而提高我們氣場的吸引力。

法國有一種短尾沙皮狗，這類狗可謂是世界上疑心最大的狗。牠們總是習慣生活在同一個主人和同樣的環境之中，最好是終生都不要更換。倘若外界環境發生了變化，牠們就會整天都膽戰心驚，就連睡覺也也不敢。牠們對周圍的一切都很敏感，都存有戒心，所以，牠們經常會因懷疑而拒食，即使被渴死餓死，對自己懷疑的食物牠們碰都不碰。所以，這類狗目前存在的數量已經非常少了，幾乎要瀕臨絕種。

造成這種現象的主要原因大多都是牠們的猜疑所導致的，由此，我們可見猜疑的害處。猜疑不但能讓人們的氣場喪失魅力，還會因此而釀成悲劇。

我們生活在這個世界上，有好事，同時也會有不如意的事；既然有好人，當然也會有一些害群之馬，但還是好人多。所以，在生活中，我們應該學會正確的看待別人，不要帶上有色眼鏡去看待周圍的人和事，它會欺騙我們的。

猜疑會讓人做事猶豫不決，不論大事小事，都缺乏果斷，顧此失彼，最後白白的浪費了機

會，而且還可能做出錯誤的抉擇，經常多疑的人，他們的氣場吸引力不但不會得到提升，反而還會喪失。

如果對某個人或某人所做的某件事產生懷疑，那麼，產生懷疑的人就會進行自我暗示，讓自己認為自己的懷疑是正確的，這樣就可能讓本來並不存在的東西被想像得跟真的一樣。其實這就是自己將自己推入懷疑的泥沼，難以自拔，甚至還會自食其果。

倘若一個人掉進了猜疑的陷阱，就會神經過敏，在他的眼裡，別人的任何言語和行為舉止都好像有某種不純的動機，這會讓自己的人際關係受到很大的損害。因為他們對人總存有一種提防心理，總是捕風捉影或者無中生有，不信任他人，結果造成沒人願意和他打交道的交際困境，往往自身很苦惱，可是當局者迷，他們自己就是找不出原因。

事實上，這個原因很簡單，就是因為猜疑讓他的氣場吸引力消失殆盡，於是周圍的人就不會認同和注意他。誰願意和一個總是猜疑的人有來往，因為和這樣的人來往就可能引出一些無端的麻煩，所以，對於這樣的人大多數的人都是選擇避而遠之。長此以往，他就會很孤獨，沒有別人的幫助，困難得不到解決，能力無法施展，事業也就很難取得成功。

膽怯毀滅心境

在我們小時候，可能很多人都害怕黑夜，每到晚上，就需要開著燈才能安心的睡覺。因為害怕壞人出現，害怕「鬼」出現……其實，小時候在夜晚的這些擔心，在現在看來完全是杞人憂天，沒有必要。

可是，在現實生活中，依然有一些人沉浸在由內心膽怯所引起的恐懼之中。

徐瑞娟是一個性格活潑、開朗的女孩，在一家外資企業工作。前不久，她所在部門的經理辭職了，公司要從內部員工中提拔新的負責人。

徐瑞娟一直希望有升遷的機會，所以聽到這個消息她十分感興趣，但遺憾的是她一直沒有向公司提出申請，甚至也沒有向公司諮詢過這一職位需要哪些條件或考慮自己是否有機會之類的問題。「我們公司從來都還沒有從內部提拔經理的先例呢。」、「我只是一名女職員，怎麼會那麼容易得到這個機會呢！」、「如果我申請這個職位，那太冒險了，要是因此而遭到同事們排斥那可就不好了」、「從目前的情況來看，我的表現還不夠好，等業績突出的時候再說吧！」……於是，內心的膽怯心理最終戰勝了她想要升遷的願望，她逐漸的打消了提出申請的念頭。

過了幾天，公司便公布了這次選拔經理的結果，當她聽到倪曉芳成為經理的時候，不由得大吃一驚。因為倪曉芳幾乎和她是同時進入公司的，她們的能力幾乎差不多，結果現在成了她的上司。

對於膽怯的人而言，適時把握機會、主動出擊是他們的難題之一，徐瑞娟就是因為膽怯才錯失良機。在現代社會，工作上的調動、升遷是非常平常的事情，那究竟是什麼原因讓徐瑞娟如此膽怯呢？

心理學家認為，人的大腦可以分為六個層次對資訊進行收集和加工，而對於人們的膽怯心理同

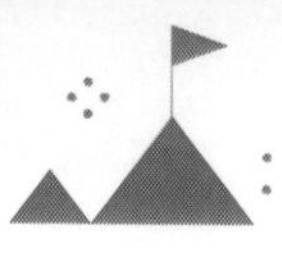

樣也可分為六個層次。下面我們以徐瑞娟的膽怯心理為例進行分析：

環境：徐瑞娟之所以缺乏勇氣向公司提交申請，其中比較大的一部分原因就是因為他們公司沒有內部提拔人才的先例。

態度：徐瑞娟對待升遷這件事的態度很消極，總認為自己還是不夠優秀。

能力：由於徐瑞娟對自己的能力持懷疑態度，她自己都不敢相信自己能成為管理階層，缺乏底氣，不能信任自己，於是就選擇了放棄。

信念：徐瑞娟同時還在不斷提醒自己，若想升遷資歷也是重要的審核標準之一。像自己一個幾乎沒有資歷的普通員工，若想被選中，那太困難了，只有那些工作資歷較長的人才有資格被選中。

身分：「我只是一名女職員，怎麼能那麼容易得到這個機會呢！」可以說，徐瑞娟從身分角度對自身產生的懷疑給她帶來了更深層次的膽怯，因為對任何人而言性別都是無法更改的。

歸屬：比如擔心同事排斥自己，擔心失敗後會不知道怎麼辦，這讓她的內心的膽怯進一步升級。這六個層次彼此關聯、交互作用，於是就形成了徐瑞娟的膽怯心理。

事實上，只要我們認真觀察一下這六個要素就會發現，這些都像我們小時候害怕黑夜一樣，是杞人憂天的表現。事實的結果和真相往往能真真切切的打破人們先前的一切擔心與恐懼。徐瑞娟的公司最後公布的選拔結果就是對此最有利的證明。

從徐瑞娟的故事，我們可以看出：其實日常生活中根本沒有什麼事情值得我們真正的去害怕，很多恐懼都是來自我們內心的一廂情願的膽怯罷了。

很多膽怯的人面對自己的生活，只會過多的關注於恐懼，這就造成他們對前方的道路視而不見，而那些勇敢的人則會披荊斬棘，抱著堅定的信念為自己的未來拚搏。而一個對未來充滿恐懼的人會把自己的積極氣場完全趕走，於是，那些讓他恐懼的事情就會在未來的日子中以各種不同的方式呈現出來，讓他總是恐懼，所以，這樣的人很難擁有燦爛的明天。

膽怯是走向成功的攔路虎，是毀滅心境的頭號殺手。倘若有志於功成名就，那麼就一定要克服膽怯的心理，不要讓它纏著你，毀滅你的心境。倘若你有志於光明的前程，那就要勇敢起來，摘掉膽怯這顆毒瘤，不要讓膽怯削弱你的氣場，而是應該昂首挺胸向前走。

擺脫焦慮與不安

人有時候的確喜歡自尋煩惱，而且會因此讓自己陷入焦慮和不安的情緒中。這樣一來，我們的氣場能量就會逐漸減弱，而且自己的處境也可能會被消極氣場影響而變得更為糟糕。事實的確就是這樣的。

就算我們表現得再優秀，也常常會有這樣的想法：「上司可能並不看好我！」有時候，可能有位朋友並沒有得罪過我們，可是當遇見他時，我們的腦海裡就可能會想「討厭，怎麼又遇見他了！」每當參加的公司會議時，不論其他人討論得多麼激烈，我們可能總是坐在角落暗想：「怎麼還不快點結束！」……無論是什麼原因，我們身邊總會出現這樣或那樣的事讓我們感到焦慮

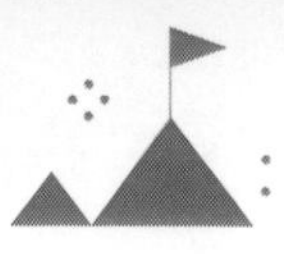

和不安。

曾經有一位哲學家說過這樣一句話：「沒有什麼情感比焦慮更令人苦惱了，它給我們身心都帶來巨大的痛苦。」在當今社會，飽受焦慮折磨的人並不少，從天真可愛的兒童到年近花甲的老人，焦慮可謂是如影隨形。倘若這些消極情緒長期得不到緩解或釋放，就會對我們的身心健康造成嚴重的傷害。

有一位叫布魯特的美國人，他曾經就很焦慮、不安，事情是這樣的：

布魯特在美國的一家鋼鐵公司工作，有一次，公司買來了一臺瓦斯清潔機，這是為了清除存在於瓦斯中的雜質。當這臺機器安裝完之後，公司把進行調試的任務交給了布魯特。因為布魯特根本沒有這方面的工作經驗，所以他對此非常擔心，總是害怕會發生一些意想不到的問題。

布魯特經過幾番調整，機器總算可以運轉起來了，可是還沒有達到預期中的效果。於是布魯特覺得自己很失敗，就好像有人在他的臉上重重的打了一拳，讓他血流不止。這種感覺產生的疼痛感逐漸在布魯特的身體上蔓延，漸漸的，布魯特的胃以及整個腹部便開始隱隱作痛。好長一段時間，他的擔心讓自己簡直無法入睡。

為此，他找到著名的心理學大師卡內基幫忙，卡內基了解了他的事之後，讓他按照下面的步驟去做：

第一步，先靜心想想這件事的整個過程，找出如果失敗可能會出現怎樣的情況，包括最壞的情況；

第二步，當找出了這些可能發生的失敗的情況後，要嘗試著去接受它們，當然也要學會接受最壞的情況；

第三步，讓自己的心情逐漸平靜下來，不要想自己目前的處境是多麼的困難重重，而要將自己全部的精力和時間放在如何去解決這些問題上。

事實證明，卡內基的方法取得了良好的效果。布魯特經過認真思考，重新審視了自己的問題，他驚奇的發現，其實自己原來所擔心的事情並沒有想像中那麼可怕，任何問題的出現，他都會找到切實可行的辦法解決。在這樣的心裡暗示下，之前的那些焦慮和不安便被一掃而空了。

焦慮和不安很容易分散我們的精力。如果經常以這種情緒去面對生活，我們的思想就會混亂四散，遇到問題就不可能做出正確分析。倘若我們強迫自己學會面對最壞的情況，而且學會去接受它們，那我們就可以權衡所有的情況，然後集中精力去解決這些問題。

對於我們而言，可以採取這些方式去改變自己的焦慮和不安：

第一，在天氣晴朗的時候，選擇一個空氣清新、安靜、可自由活動的地方。再選擇一個自己感覺比較舒適的姿勢去站、坐、躺。

第二，可以充分發揮自己的想像力去去幻想一些恬靜美好的景物，比如波光粼粼的大海、軟綿綿的沙灘、白白的雲、青翠的高山等。

第三，做深呼吸，這對緩解緊張和不安的情緒有很好的作用，而且操作簡單。要慢慢的吸氣、呼氣，並在呼吸的過程中提醒自己注意放鬆。

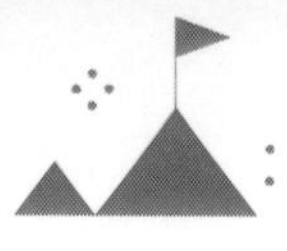

第四，舒展自己的身體關節和肌肉。可以做做適當的運動，速度要均勻緩慢，動作並沒有什麼特定的要求，只要能讓關節、肌肉鬆弛就行了。

第五，轉移自己的注意力。比如我們可以透過讀自己喜歡的書、做一件相對比較容易而且有意義的事、或是去認真觀察生活中美好的東西，學會欣賞它的細微之處。

總之，面對焦慮和不安，最好的方法就是忽略它或學會與它相處。我們不要再逃避現實，應該學會真正的接受它，並學會去積極應對。這樣做，就能讓我們笑對人生，當我們嘗試著去擺脫焦慮和不安的時候，我們的氣場也會逐漸穩定和提升，從而讓我們過好每一天。

掌握八種積極心態

從氣場的角度來看問題，心態積極的人會更成功，而消極的人則可能會更失敗。所以，倘若我們能以積極的心態去發揮自己的能力，相信自己能取得成功，那這些積極的心態就會幫助我們成就遠大的目標。倘若我們接受了消極心態，總是想著挫折和失敗，那最終也就只能面臨失敗。心態的力量就是如此強大。

倘若我們想讓自己的氣場十足，那就應該具備下面這些積極心態：

第一，主動

我們常說要積極主動，那些總是被動等待不知主動出擊的人，就可能消極的將自己的命運交給了別人安排。倘若沒有碰到機遇，那他就會沒有任何作為。其實，掌握機遇的人是自己，而不是別人，只有我們主動出擊了，才可能抓住機遇。

第二，熱情

人人都喜歡積極的事物，所以，任何人都不可能樂意和一個整天精神萎靡、毫無熱情的人打交道，也沒有任何一個上司願意對一個毫無熱情的下屬委以重任。因此，我們應該打起精神，用我們的微笑去對待自己周圍人和事。

第三，自律

人人當然都崇尚自由，可是卻不能為了自由而拋棄自律。其實自律並不是建立在如山如海的規章制度之下，而是用自主的行動去創造良好的秩序，從而為我們的工作、學習和生活創造更大的自由和成績。

第四，自信

人們的成就，總是和他的信心有著密切的關係，而且不會超越他信心的大小。倘若一個人連自己都不相信，還怎麼能指望別人相信你呢？同時，也要明白，自信當然不可僅僅停留在思想和言語上，更重要的是要拿出自信者的勇氣去行動，那些只想不做或者光說不做的人，只能成為一個空想主義者。

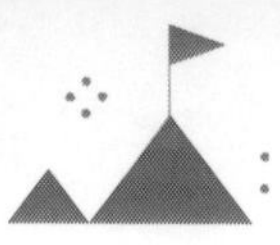

第五，學習

人常說活到老，學到老。學習可以讓我們不斷進行自我超越。在現代社會，只有透過不斷學習，不斷超越自己，才能踏上時代的步伐，不被時代所淘汰。

第六，決心

其實我們的人生總是被自己的「決心」所改變，而不是總被環境所改變，決心是一種最重要的積極心態。

第七，誠信

人常說誠信是金。的確不錯，為人處世，倘若失去了誠信，我們還怎麼和人交往，誰還願意和我們交往，遇到困難誰還願意幫助我們呢？我們對待別人講求誠信，別人就會以誠信回饋於我們，互惠互利，否則，我們就可能寸步難行。

第八，堅持

若想問鼎成功，其實祕訣只有一個，那就是堅持。誰能笑到最後，誰就笑得最好，說得就是堅持的道理。為了自己的夢想，就算再苦再累，也要堅持，也要努力，堅持下去了，就會看到希望的曙光。

人的一生，當我們的心態積極了，很多事情都會像藍天白雲般的讓人心曠神怡；可是如果我們總以消極的心態去看待生活，可能我們看到的就總是烏雲壓陣，讓人心煩意亂。

我們不要總是覺得環境太惡劣，其實那是不堅強的表現；不要總是覺得別人太狹隘，其實那是自己不豁達的表現；不要總是覺得孩子很難教育，其實那是自己方法太少的表現。要讓自己保持樂觀，積極向上。

當面對不同的環境時，不可能要求環境去適應人，而是人應該學會去適應環境，適應了環境才可能去改變環境。而要改變環境，就要從改變自己開始，要改變自己，就是首先擁有積極的心態，為自己營造出強大的氣場。

四、增強個性魅力，擁有足夠的吸引力

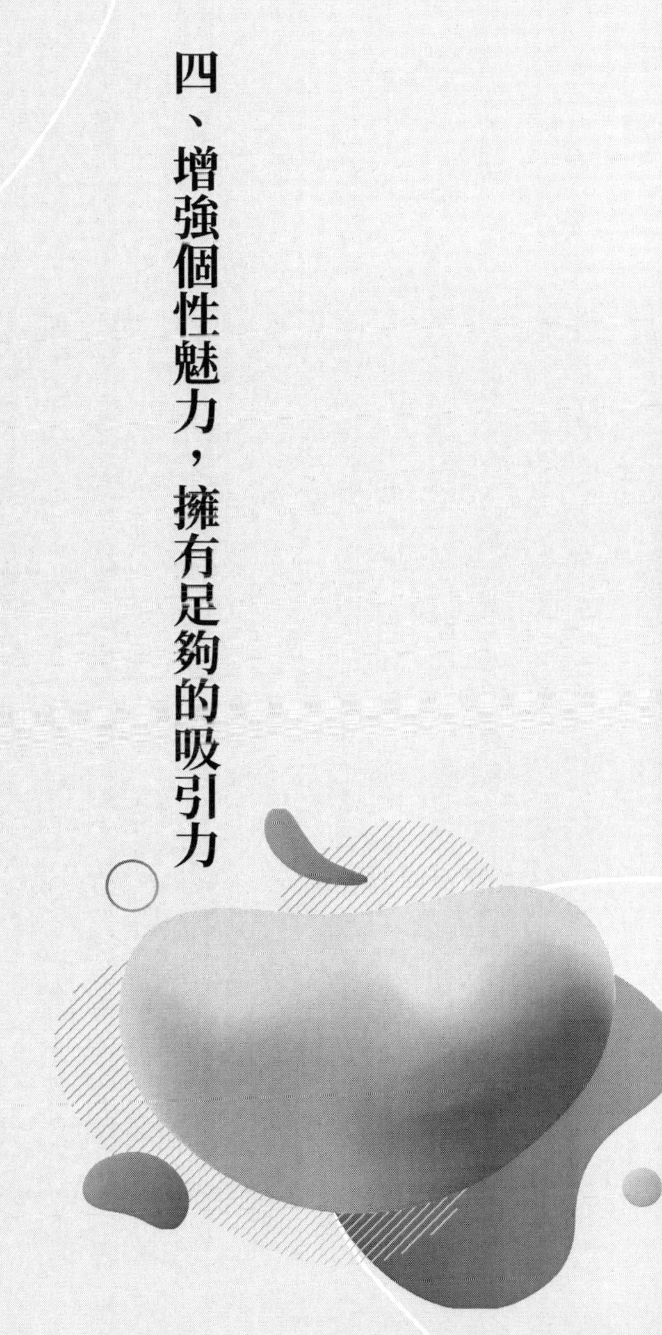

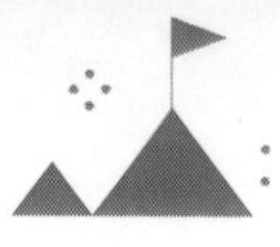

好形象是提升影響力的潛在資本

氣場的強弱決定了一個人的影響力，而影響力也會反作用於氣場，從而讓氣場發生新的變化。在通常情況下，影響力的塑造離不開我們的個人自身形象。那些注意自己的形象並保持好形象的人，才會贏得別人的尊重，這樣的人也往往容易得到人們的信任和幫助，所以要在自己的人生旅途中不斷找到能展現才華的機會，用自己的風采和魅力去影響他人。

良好的形象是美麗生活的代言人，是進入愛的神聖殿堂的入場券，是我們走向更高階梯的扶手。每個人的形象，都是向外界進行自我展示的視窗，是向別人介紹自我的名片。別人對我們的印象很大一部分就來自於我們的形象，他們對我們的印象同時還會影響他們對我們的態度和行為。因此，若想讓自己氣場更強大，若想讓自己的影響力更大的話，就要注意保持良好的形象。

孫中山先生的夫人宋慶齡女士就是全世界人民公認的偉大女性，她的偉大除了她那崇高的品質和高尚的人格外，還與她的美好形象有很大的關係。

在某位美國女作家的作品裡有關於宋慶齡的描寫，她是這樣寫得：她雍容高貴卻又樸實無華，可謂穩重端莊的典範。從歐洲的王室貴族中，特別是從年齡較長者的身上，我們偶爾也能看到這樣的影響力。他們的影響力很明顯是終生培養訓練而來的，但是孫夫人的雍容華貴卻是首屈一指的，這主要體現的是她那內在的影響力。這種影響力是發自內心的，而不是包裝出來的。她的膽略與見識，是罕見的，在她那強勁的膽識之下，當在緊要關頭，依然能鎮定自若，與此同時，端莊、忠誠和膽識又讓她具有一種力量，這種力量能夠表現出她那堅毅的英雄主義的影響力。

好形象可謂是我們人生的資本之一，充分發揮出它的作用，不僅能讓我們的人生更加五彩繽紛，還能讓我們的氣場更加積極、更有魅力，從而讓我們的影響力得到更大的提升。宋慶齡女士的一生就是對此最好的印證。

一個好的形象對於我們的人際關係也有很大的幫助，它能給我們營造和諧氣氛，讓我們在生活中左右逢源，從而為我們的成功助上一臂之力。

清代的著名商人胡雪巖曾經有一次在生意上遇到了一個很大的危機——他在上海剛剛營業的商行遭到了當地商人的聯合排擠，沒多久這種情況就波及到了他的大本營杭州。當時，有一些大客戶擔心胡雪巖可能過不了這道難關就會垮臺，於是他們都打算不再和他進行生意往來了。

有一天，胡雪巖從上海回到了杭州，那些人都悄悄的躲在暗處觀看，他們心想這時看到的肯定是胡雪巖狼狽不堪、灰頭土臉的樣子。結果事實卻讓他們很失望，他們看到的胡雪巖依然是衣冠鮮亮、精神抖擻。

看到了此景，他們還是覺得沒解開心中的結，於是又跟蹤胡雪巖直到他的商行。他們覺得這次的困難一定夠胡雪巖受的，所以胡雪巖肯定會暫停生意而進行內部整頓。沒想到這次他們又失算了，胡雪巖不但沒有關閉商行，而且還親自坐鎮，甚至還能悠然自得的喝茶。胡雪巖的這一系列舉動讓這些人感到很納悶，在遭受這麼大的打擊之下，竟然還能如此鎮定自若，看來這人並不簡單。最終，胡雪巖以自己的氣度征服了他們，他們不但恢復了對胡雪巖的信心，而且還承諾要共同幫助

胡雪巖闖過難關。

事實上，胡雪巖在當時的處境的確很艱難，倘若不是憑著他那堅如磐石的良好形象，恐怕那些大客戶的預言就成真了。他依靠自己的形象，穩住了整個局面。從這裡我們也可以明白：樹立了自己的好形象，就能有效的提升自己的氣場，讓自己的影響力更大，於是便能逐漸獲得成功。

形象是人的招牌，壞形象能毀掉我們一生，而好形象會讓我們的氣場迅速得到提升，從而產生強大的影響力。的確是這樣，在當今社會日趨激烈的競爭中，人們都承受著巨大的生存壓力。誰能靜心的為自己樹立出好形象，誰就能給自己的人生打造出金字招牌，誰就能在曲折的人生歷程中走得更從容，更成功。

樹立好的第一印象，深深吸引對方

如果在我們面前有這樣兩個人：第一個談吐文雅、舉止得體、精神十足，而第二個口無遮攔、蠻橫無理、無精打采，那我們肯定都比較願意和第一個人交往。因為他給我們留下好的印象，從他身上所散發出來的氣場是很有吸引力的。

正常情況下，好的第一印象能讓對方在第一時間裡感受到我們的氣場，並被我們緊緊吸引。相反的，即使我們擁有很強大的潛在氣場，可是並沒有把它用第一印象展示出來，而展示給他人的卻是一個較差的印象，那對方就可能會輕視、討厭我們甚至遠離我們。

語嫣在一家公司擔任會計，她有很強的工作能力。但她在生活裡總是大大咧咧、不拘小節的，整天穿一身休閒服裝，給人一種工作散漫的印象。她總是不太注重自己的形象問題。

有一次，她去參加一個公司的面試，穿的還是那套「行頭」。雙方剛一見面，那個公司的人力資源主管便皺起了眉頭，雙方只簡單的談了幾句，對方便攤牌了：「李小姐對不起，我們公司只需要無論在工作還是生活上都很嚴謹的人！」

語嫣的面試以失敗而告終。她正是由於第一印象沒過關，所以失去了一次大好機會。要想在面試中脫穎而出，第一印象是絕不可輕視的環節。要是你連進門的資格都沒有，哪裡還有機會施展自己的才華呢？

在正常情況下，我們在和他人交往的時候，第一印象往往會在對方的頭腦中占據主導地位，人們總會依據第一印象去評價一個人。而且第一印象在日後的交往中也比較難改變，人們會尋找更多的理由去支持第一印象。甚至有時候，當對方的表現和原來的第一印象有較大的差距時，但人們在很長的一段時間裡依然會堅持對這個人的最初評價。這就是第一印象的巨大力量！

那麼，想給他人留下良好的第一印象該怎麼做呢？

一般情況下，第一印象包括談吐、相貌、服飾、舉止、神態這些方面，對於我們的交往對象而言，這些都是新資訊，而且這些對他們感官的刺激也比較強烈，能給人一種新鮮感。就像我們在一張白紙上畫畫一樣，往往第一筆畫上去的色彩是十分清晰和深刻的。

隨著我們和他人交往的加深，在各種基本上大同小異的資訊的重複刺激下，那初次的印象依然

是很清晰的。所以，在交往中，往往第一印象能起到很重要的作用。

一般而言，想要給他人留下良好的第一印象，要盡量做到以下幾點：

第一，儀表、舉止得體

脫俗的儀表、高雅的舉止、和藹可親的態度等都是個人品格修養的重要部分。當我們來到一個新環境中，別人對我們還不了解，這時我們就不能太隨便，否則就有可能引起他人的誤解，讓我們在對方的心目中留下一個不良的第一印象。當然，儀表得體並不是說我們就要追求奢華，全身上下穿戴的都是名牌，也不是要我們過分的修飾，這樣的做法反而會給人留下輕浮膚淺的不良印象。

第二，言行舉止講究禮貌

要注意自己的語言表達，要做到簡明扼要，不亂用詞語。當別人講話時，我們要學會專心的傾聽，態度謙虛，不要隨便打斷人家。在傾聽的過程中，我們要善於透過身體語言和話語給對方必要的回饋，而不能雖然看起來是在聽對方的講話，可是卻沒有絲毫的反應；對於那些自己不必知道或別人不想回答的問題就不要進行追問，這些都可能給人留下不好的印象。

第三，講信用，遵守時間

如今，人們越來越重視時間，也很容易把不守時和不守信用關聯到一起。倘若我們第一次與人見面就遲到，這就可能會造成一些難以彌補的損失，所以，我們最好要杜絕這種事情的發生。

第四，微笑待人，不卑不亢

當我們第一次和人見面，笑要有所節制，哈哈大笑或者不停的笑都會有失莊重。我們的言行舉止也要注意交際場合，過度親暱的舉動就可能有輕浮油滑之嫌。特別是對那些有一定社會地位的朋友，不要表露出巴結討好的意思。趨炎附勢行為，不僅會遭到當事人的蔑視，很可能讓其他人在場的人也都瞧不起你。

第五，顯露自信和朝氣蓬勃的精神

自信是人們對自己的一種肯定和認同，它包括了能力、修養、文化水準、健康狀況、相貌等方面。倘若一個人在走路時步伐堅定，和他人交談時談吐得體，說話時雙目有神、目光正視對方、善於運用眼神交流，這就能讓對方覺得我們自信、可靠、積極向上。

第一印象對於人們來說有著太大的作用，但常常被人們忽視。如果你不想失去任何成功的機會，如果你想在辦事過程中如魚得水，那麼請別忘記第一印象的作用，並且要努力給別人留下良好的第一印象，讓你的氣場擁有巨大的吸引力。

寧缺毋濫，讓全身搭配簡單而優質

常言道：「人靠衣裝，佛靠金裝。」服裝對每個人而言，不僅僅是遮羞禦寒的工具，同時也能讓人們的氣場產生改變。

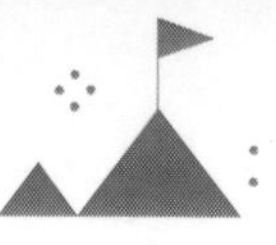

在電視劇中，我們經常看到這樣的情景：女主角原本像一隻默默無聞的醜小鴨，可是當她換了一件漂亮的衣服之後便俘獲了一直和她作對的男主角的心。雖說這帶有誇張的成分，但是也證明了服飾可以增強一個人的氣場，讓人更有魅力。

具體而言，若想讓自己的穿著搭配體現出自己的氣場魅力，就要注意著裝的原則：

著裝要符合三個原則，它們分別是時間、場合和地點，也就是說我們的服裝應該和所處的時間、場合和地點相協調。只有做到這些，才能產生正向的氣場，否則就可能會事與願違。

第一，時間原則

當然，男士的著裝比較簡單，只要有一套質地優良的深色西裝就可以走遍天下，可是女士的著裝就會複雜很多，不同的時間段要有不同的變化。比如，女士在白天工作的期間，應該穿正裝，主要以套裝和套裙為佳，能將自己的專業性得到充分的展現；倘若晚上要出席酒會、晚宴等，就應該增加一些裝飾，比如，佩戴有光澤的飾品，圍一條漂亮的絲巾等等。選擇服裝當然也要適應當時的氣候。

第二，場合原則

場合不同，著裝也會有不同的要求。倘若要出席正式宴會，男士應穿西裝或燕尾服，女士則應穿長裙或禮服；倘若要聽音樂會、看芭蕾舞或者音樂劇也應按照慣例穿著正式服裝；倘若和朋友聚會或外出遊玩，那就應該穿輕便舒適的服裝。

總之，穿什麼服裝要和自己所在的場合搭配。倘若穿著一身休閒裝出現在正式場合，這不但是對主人的不尊重，同時也會讓自己覺得尷尬；倘若大家都穿便服，你卻是西裝革履，這也不太好。

第三，地點原則

如果是去公司或客戶處進行拜訪，制服或套裝最合適；如果在家中，只要舒適整潔的家居服就可以了。當然，我們外出時的穿著也要顧及當地的風俗習慣，比如去教堂或者寺廟等宗教場所，就不能穿過於暴露的服裝。

只有我們的服裝與時間、所處的場合和地點這三個要素相吻合，那麼，我們所散發出的氣場才是積極而和諧的。

下面我們分別針對女士和男士的著裝搭配的進行講解：

職業女士的著裝搭配

上衣：總體而言，上衣應該平整筆挺，那些綴滿蕾絲和花紋的衣服在正式場合最好不要穿。上衣的鈕扣應該都扣好，這樣就會顯得嚴謹、端莊。

襯衫：襯衫最好是單色的。在穿著襯衫的時候，其下擺要塞入裙子裡面；襯衫鈕扣除了最上面的那顆之外，其它的都要扣好；當穿著西裝套裙時，不能直接外穿襯衫，一定要有正式的外套。

裙子：裙裝應該以窄裙為主，同時還要注意裙子的長短，年輕女士的裙子下擺可在膝蓋以上三到六公分，不能太短；而中老年女士的裙子則應在膝蓋以下三公分左右。

鞋襪：鞋子最好選擇中跟或高跟的，襪子的選擇應該是高筒襪和褲襪，顏色一定要是肉色的，不要穿黑色和彩色絲襪。

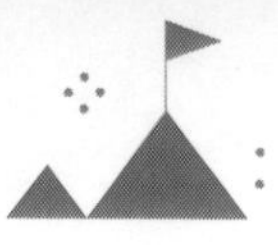

男士的著裝搭配

和女士的著裝相比，雖然男士的著裝要簡單得多，但男士的服裝搭配也是不可忽視的問題。嚴肅莊重的西裝搭配或輕鬆舒適的休閒搭配，對男士而言，整體上都應簡單優質，不需要其它過多的裝飾，否則會削弱你的氣場。

在正式場合的時候，當然需要穿正裝，穩重的西裝顏色和同色系的襯衫是最好的搭配，同時，領帶也不要太過搶眼，最好選擇素色或規則的條紋，不然就可能會讓人覺得不穩重。另外一定要注意的是，如果穿西裝，那麼，襪子的顏色一定要是深色的。白色的襪子千萬不要和西裝搭配。

在家裡的時候，就可以隨意一些，比如高領衫、運動褲、休閒鞋這樣的搭配也不失活力。

總之，一個有氣場的人，一定要注意自己的服裝選擇和搭配，要讓自己有吸引人的氣場，就要依據時間、場合、地點等這些要素去進行選擇和搭配。

培養優雅的站姿，為自己增強氣場

在和他人進行來往的時候，在第一時間通常都是以站立的姿勢示人的。所以，能否有個良好的站姿，能否形成強大氣場，這就要看我們能否掌控局面和影響他人。站立在社交中是一種最基本的動作，我們應該讓自己的站姿顯得優美而典雅。

那麼怎樣的站姿才算有氣場呢?男士應該做到「站如松」，瀟脫剛毅；女士要做到優雅秀美，亭亭玉立。

「站如松」，良好的站姿應讓人有一種挺、直、高的感覺。要做到背脊挺直、胸部挺起、雙目平視。這種感覺並不是刻意偽裝出來的，而是培養出來的。這種感覺會讓人們覺得這個人很自信，積極向上，人們就樂意和他進行交流往來。同時他的氣場也會折服周圍的其他人。

艾莉絲是一位大大咧咧的女孩，她總是向自己的朋友抱怨說，自己不知道為什麼總是得不到男孩的青睞？到底什麼樣的氣場才能得到男孩青睞呢？終於有一天，她的親密朋友安妮告訴她說：「妳注意到妳的站姿了沒，這就是妳得不到男孩青睞的罪魁禍首。」艾莉絲非常驚訝，在她看來，站姿並沒有什麼大不了的，怎麼能對自己造成不好的影響呢？

「艾莉絲，倘若有人和妳交談的時候彎著腰，而且眼睛往下看，身體還不斷的左搖右擺，妳會是什麼感覺呢？」

「我會選擇離那個猥瑣的傢伙遠一點。」艾莉絲回答說。

「沒錯。如果我是男孩，我也不會喜歡這樣的女孩。因為隨著人的站姿不同，自身所散發出的氣場也肯定是不同的，就是一個很小的細節也不能忽略。不知你是否看過奧斯卡頒獎典禮上的妮可．基嫚？」

「當然看過，她魅力十足，我很喜歡她。」

「妮可之所以能成為大家心目中的明星，這除了她的演技和內在氣質以外，與她的站姿還有很密切的關係。因為無論在何時何地，她都能做到昂首挺胸，亭亭玉立，讓人看上去很有風范。」

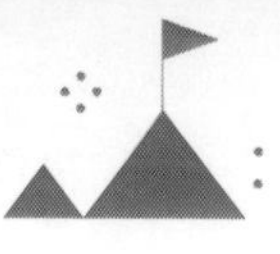

「的確，妳說得沒錯，妮可的站姿很有魅力，以前我都忽視這一點了。多虧妳指點我了，我明白了。以後我也要訓練一下自己的站姿，讓自己也站出氣場。」

如果妮可也像艾莉絲一樣總是習慣低著頭、彎著腰站著，可能她也就沒有現在這麼迷人的氣場魅力了。可見，站姿是一個人氣場的體現，也是一個人是否有修養的體現，應該受到我們的重視。

標準的站姿是這樣的：兩腳跟併攏，腳尖張開四十五度到六十度，身體的重心主要支撐在腳掌和足弓之上。脊椎、後背挺直，抬頭挺胸，雙目平視前方。兩肩放鬆自然下垂，自然呼吸。兩手臂自然下垂於體側。

當然，站姿與性別也有關係，性別不同，站姿就不同。

倘若有一位女士的站姿比較男性化，我們尚且可以認為她具有英氣；可是倘若一位男士的站姿太女性化，那麼他可能會遭到眾人的恥笑。所以，我們也要根據自己的性別而選擇適合的站姿。

對女士而言，站立的姿勢，除了傳統的雙腳併攏這種站立姿勢之外，丁字步的站姿也是可以採用的，這種站姿還有一個優勢——可以巧妙的掩飾腿型不直女士的缺點，而且能讓自己的腿看上去更加纖細。

對男士的站姿並沒有什麼特別的要求，除了保持基本的站姿之外，還應該表現出自信。優雅且有風度的站姿能將我們的氣場發揮出來，讓人們第一眼就鎖定我們，願意和我們接近，願意和我們進行深入交流。

當我們意識到站姿會對氣場產生影響的時候，這就是一個良好的開始。我們應該面對鏡子，找出自己站姿中的缺點並逐漸改變它，這樣一來我們也能擁有瀟灑迷人的站姿。

在潛移默化中讓吸引力發揮作用

氣場其實也是一種人格魅力，從這種人格魅力中可以釋放出一定的吸引力，而這種吸引力往往能在潛移默化中影響別人。

生活中，有不少這樣的人，他們受過高等教育，具有豐富的知識，可以順利的就職或去學術機構進行研究性的工作。倘若他有很高的情商，情緒比較穩定，而且適應環境的能力比較強，對於包括上司、同事等外界條件沒有過分苛求，而且對自己有一個比較適當的評價，不會跟隨外界的影響而產生「自我膨脹」，面對挫敗，具有不服輸的精神，有重整旗鼓的決心，而且一直對自己的未來充滿了信心。於是，他的智商和潛能就可以發揮最佳水準，對待生活和工作，總是保持從容，那麼他自然能走向成功。

相反，倘若一個人因為自己的智商高而表現得很自負，情商低下，總是被自己周圍並不理想的環境所困擾，那麼，他就可能會表現得憤世嫉俗、孤芳自賞，於是就可能和社會、公司和同事無法融洽相處；要不是高不成低不就，終生碌碌無為；不然就是誤入歧途，讓自己的高智商把自己送進監獄。

情商高的人氣場就比較足，在做事的時候，不論是成功還是失敗，他總能以平常心去對待，當

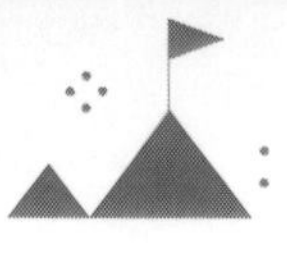

面對失敗的時候能做到誠懇、坦然，當面對成功的時候不沾沾自喜，當和他人相處的時候不自以為是，能顧全大局。於是，人們就願意和他進行交往，因為和他交往能給人以舒適之感。其實這就是他的氣場所發揮出來的作用。

氣場對我們的影響是在潛移默化中形成的。在這裡，我們明白氣場和氣勢是兩個不同的概念。也許不少人覺得一個強勢的人，就能有強大的氣場，弱勢的人氣場也就比較弱，其實這種理解並不正確。

一個強勢的人，在氣勢上必然是占上風，但在氣場上，他並不一定就能占上風。因為氣場強調更多的是人格魅力，這就是一種吸引力——吸引他人願意與他進行交際的這種力量。比如我們上面所說的第二種人，他們能力強，但做事不願意與人合作，自命不凡，這種人身上散發出來的氣場不是積極的。

玫琳凱化妝品公司是一個大型的跨國公司。該公司的創始人玫琳凱在年輕時候曾經做過推銷員。

有一次，玫琳凱聽了行銷總監所做的演講。這場演講做得相當好，那位總監的話幾乎將所有人的情緒都調動了起來，當然玫琳凱也是其中之一。當演講結束後，許多聽眾就希望與行銷總監握手，於是等待握手的人排成一條長龍。

大約過了兩個小時，總算輪到玫琳凱了。她也很崇拜這位行銷總監，於是便很激動的伸出了兩隻手，非常希望能得到熱烈的握手。可是對方已經連續握了兩個小時的手了，已經對人和手產生麻木了，雙方的心情是不一樣的。當時，那位總監只是伸出了一隻手，隨意的遞給玫琳凱，而且他的目光並沒有落在玫琳凱身上，而是向著整個隊伍看去，看看還有多少人等著握手。總監的這個舉動讓玫琳凱覺得受到了莫大的侮辱，她的自尊心受到了極大傷害。她覺得總監根本沒有意識到自己是在和一個活人握手，這讓她激動的心情一下子跌倒了谷底。

玫琳凱在四十五歲的時候退休，成立了自己的公司。她告訴自己一定要從細節處做起，不放過一言一行，防止讓自己年輕時所遇的歷史再次重演。所以，每當有與別人打招呼的機會時，她都很認真，並且會從對方身上找到一個閃光點告訴對方。所以，她的公司人際關係非常融洽，不論她在還是不在，員工們的工作熱情始終不減。

其實，玫琳凱年輕時和她握手的那位總監也是一個氣場很強大的人，作為一個領導人，在那麼多人的情況下，必須要照顧到大多數人的情緒。可是他的那個疏忽的小細節，卻給玫琳凱個人留下了陰影。如此小的動作就可能會破壞一個人的氣場形象，所以，細節是不可忽視的，而接見玫琳凱的那位總監可能並沒有意識到這一點。可見氣場的傳播是潛移默化的，一個人的氣場會在無形之中向別人傳達了正面或者負面的資訊，即使當事人並不知道，但這是事實。

所以，我們在日常生活中，盡量要讓自己的氣場發揮積極作用，讓自己的氣場散發出積極的資訊去潛移默化的影響他人。

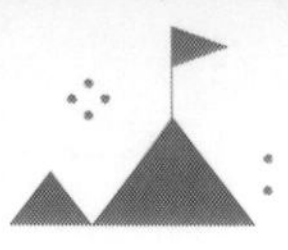

自然而真誠的微笑是最好的名片

也許，看到本篇的標題你會問：對於氣場而言，微笑能有這樣大的魔力嗎？也許下面這句話能讓我們看到微笑的魅力：「當生活像一首歌那樣輕快流暢時，笑顏常開乃是易事；而在一切事都不妙時仍能微笑的人，才活得有價值。」在日常交際中，微笑可謂是展示氣場的名片。

我們來看看這個故事：

曾經有一位叫菲舍爾的美國心靈勵志顧問有一套治療悲觀情緒的獨特方法，叫「蘋果療法」。雖然這是個老掉牙的試驗，可是很有效果。

有一次，一位心情鬱悶的先生來聽這位心靈勵志顧問的講座。菲舍爾舉起一個蘋果問那位先生：「請您說出這顆蘋果的顏色！」

「紅色。」那人有點不屑一顧的回答。

「對極了，那麼，請您猜猜它的味道，究竟是甜的，酸的還是酸中帶甜？」菲舍爾循循善誘，就像一個嘮嘮叨叨的老太婆。

結果那位先生暴躁起來，他心情很差的回答道：「我根本就沒時間去評價這顆蘋果是什麼味道，請您告訴我方法，我需要的是方法！」這位先生目前正處於極度的消極之中，他在生活上遇到了麻煩，到目前為止還沒有解決，顯然這時候他已經亂了方寸。雖然這位先生的真實年齡還不到三十歲，可是這一刻看上去足有五十歲。

菲舍爾先生笑了起來：「還不錯，你能發脾氣，這說明從你的內心深處有一股戰勝困難的願望，你很想將那些讓你煩心的事情一腳踢進太平洋。但是，你現在最需要的並不是方法，而是安靜，你明白嗎？倘若你能給自己僅僅十秒鐘時間來專注的觀察這個蘋果，再接著說出它的味道，我敢保證，你一定能找到自己所需要的方法。」

這位先生半信半疑，但他真的開始用了十秒鐘的時間緊緊盯著菲舍爾手中的蘋果。那一刻，時間就彷彿靜止了一樣，這位先生動用自己全部的腦細胞來研究這顆蘋果的味道。

「我想，這顆蘋果是甜的。」這位先生微笑著回答。這表明他的信心已經神奇的恢復了！

這樣的方法的確不錯，核心就是讓人保持冷靜，從而找到方法。每當我們被沮喪、失望和悲觀的情緒籠罩時，我們就可以使用這樣的方法。不但簡單易行，而且極為有效！雖然只有十秒鐘的時間，可是樂觀的種子就能在這個過程裡等待著我們，讓我們能夠迅速平復糟糕的心情，重回積極的心態，展現出放鬆的微笑。

林慧敏一個人獨居，有一天，她聽到有人敲門，當她打開門後卻發現有一個持刀的男子正惡狠狠的瞪著自己。

當時，林慧敏的心裡一下子就緊張起來了，但突然她急中生智，便微笑著說對那位男子說：「哈囉，你真會開玩笑！是在向我推銷菜刀嗎？這種菜刀的樣式真不錯，為我介紹一下吧。」邊說邊讓那位男子進屋，然後她又接著說：「你的長相特別像我過去認識的一位好心鄰居，我看到你就覺得很親切，請問你喝咖啡還是茶？」原本帶著一臉殺氣的歹徒沒想到會出現這樣的情況，他毫無

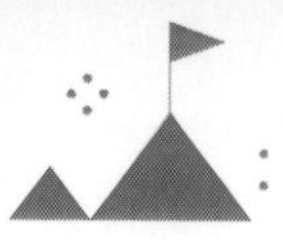

準備，於是變得靦腆起來，有點結巴的回答道：「哦，謝謝。」

結果，林慧敏就真的買下了那把明晃晃的菜刀，而且也付了錢。那位男子遲疑了一下，便拿著錢準備離開，就在離開的時候，他真誠的對林慧敏說了句：「小姐，謝謝您，您將改變我的一生！」

林慧敏的微笑能改變那位男子的一生！這的確是很神奇的事實！同時讓我們感到震撼的是，她那和善而友好的笑容不但拯救了自己的生命，還把一名即將走上犯罪道路的歹徒變成了一位面帶羞怯的客人！

這就是氣場的作用，因為微笑產生了強大的氣場，讓林慧敏那強大的感染力戰勝了歹徒！這比任何魯莽的行動和激烈的衝撞都更有威懾力，它所達到的效果的確讓我們感到震撼。微笑能讓我們得到開啟一段奇妙旅程的船票！

修練你的魅力眼神

人們常說眼睛是心靈之窗，那麼眼神就是匯集氣場的光源。對於有氣場的人來說，眼睛的大小其實並不是重點，而關鍵就在於眼神。我們從那些商業巨賈和當紅藝人的身上可以看出，並非每個人的眼睛都擁有天生的優美輪廓，可是往往眼神的力量能抵銷眼型的所有弱點，充滿魅力的眼神能夠凝聚強大的氣場，讓人魅力四射。

對我們而言，眼神可以熱情，可以溫和，也可以憂鬱，甚至冷漠，可是一定不能表現出不夠堅定。倘若我們的眼神躲躲閃閃、漂移不定，那就是心虛和缺乏自信的表現。讓人覺得我們很缺乏凝聚力，甚至會給人造成一種猥瑣的感覺。

看看那些氣場強大的女明星，也許從她們的身上我們可以得到啟發。她們在剛剛出道的時候，也不見得都擁有很強大的氣場，當她們面對那些氣勢逼人的前輩和自己只有雛形的事業時，肯定也曾經出現過一些不夠自信堅定的眼神，但是憑著自己的毅力，經過一番摸爬滾打和不斷的磨練，他們昔日的那些不夠堅定的眼神已經一去不復返了，而那充滿力量又不咄咄逼人的自信眼神開始出現。

倘若我們想讓自己的眼神變得更加堅定有力，那就要先從增強自信開始。其實，單單對著鏡子練堅定的眼神並不是好方法，也不一定能取得好的效果。關鍵是當我們處在人群中，尤其是其中有的人比我們優秀時，我們還能否讓自己保持堅定自信，倘若我們的眼神不夠堅定，那麼我們的氣場就難以感染別人。

那麼該怎麼實現自信眼神的理想的效果呢？這需要我們按照下面的方法去做：

每天都給自己「打氣」——在心裡多默念幾次「我是最棒的！」

當我們遇到一些氣場比我們強大的人時，不要大驚小怪。

當我們接觸到那些比自己各方面都優秀的人時，要在心中默念「我同樣也非常不錯，我們是一樣的」，這時我們的眼神要繼續堅定的看著對方，不能覺得自己不如別人就將自己的眼神轉移到其

它地方。

眼神能凝聚氣場，倘若一個人具有凝聚力很強的眼神，那麼就算是衣著普通，也會因為他的眼神凝聚了全身氣場而吸引到他人的目光。

眼神的凝聚力除了來自自身足夠的自信之外，還在於我們看人的時候，是否能端正眼神，大大方方的去看，不要讓別人覺得我們畏畏縮縮的。如果不能端正眼神，不但會給別人留下不好的印象和不舒服的感覺，同時也會迅速削弱我們的氣場，讓人覺得我們小氣、不體面。

因此，我們應該避免以下三種眼神：

低著頭，眼睛偷偷向上看，讓人覺得好像做錯了事似的。

歪著腦袋，斜眼看人，這會讓人覺得我們好像不服氣，在盤算什麼似的。

目光游離不定，躲躲閃閃，就好像做了什麼見不得人的壞事似的。

這些細小的習慣，乍看上去可能不是故意的，也可能沒有什麼惡意，但是完全可以降低我們的個人形象。通常，有這些問題的人自己不容易發覺，在別人的提醒下就可能會注意到。要改變這些問題，我們最好要多和他人進行接觸和交流，消除了恐懼感和生澀感之後，就能讓整個人變得大方起來。

著名京劇演員梅蘭芳，在剛開始學戲時，他因眼睛近視，眼珠轉動也不太靈活。而被老師斥為不是學戲的這塊料。為此，他下決心練習自己的眼神。

於是，他便利用鴿子來練習自己的眼神。他養了許多鴿子，在每天清晨，他都把這些鴿子放出去，然後兩眼緊隨著這些在空中飛翔的鴿子，用此來鍛練自己的眼神靈活度；而且在一根長竹竿的頂部綁上紅絲綢，透過用力揮動長竿來引誘飛鴿。透過這樣的方法，經過了長時間的苦練，漸漸的，梅蘭芳的眼神終於變得敏感傳神，開始在舞臺上表現得活靈活現起來。

梅蘭芳的演技高超，這離不開他那豐富眼神表現力。而這些，都是透過苦練而來的。練就了魅力眼神，就相當於為一顆普通的戒指鑲上寶石一樣，會頓時變得光彩照人。

魅力眼神能讓我們的氣場凝聚，當然這種眼神並不是天生的，而是透過後天不斷訓練得來的，是內外兼修的結果。我們透過讓自己的內在修養得到提高，從而讓自己的眼神更加深邃，更加堅定而又和善、平靜，充滿期盼而又不乏智慧，這樣我們的眼神就能「秒殺」眾人，讓人們感受到我們的氣場。

傾聽是一種姿態

有句話是這麼說的：「上帝在造人的時候給人兩隻耳朵一張嘴，就是讓人多傾聽，少說話。」這句話說得很有道理。為人處世，我們要學會聆聽，認真聽取別人的意見和觀點。事實上，人們被聆聽的需要比聆聽別人的需要要大很多。不錯，那些全神貫注傾聽的人的身上散發著知性而高貴的氣場，所以就會吸引來別人的目光。

耳聽八方，能使我們跟上時代的步伐；廣納群言，能使我們保持清醒的頭腦；謙虛謹慎，能使

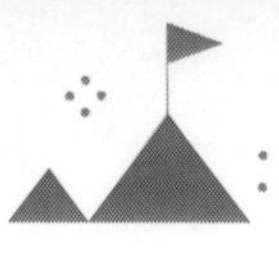

我們增長知識與才幹。而學會聆聽則是我們實現上述目標的一個最基本要求。那麼，我們學習聆聽需要從哪些方面做起呢？

第一，要善於傾聽逆耳之言。

金無足赤，人無完人。他人發自內心的提示與批評是對我們的關心和愛護，也是一種很難得的幫助。對於我們每個人來說，要是長期聽不到上司的逆耳之言，我們就應該反省一下自己的工作能力；要是長期聽不到同事的逆耳之言，我們就應該反省一下自己的人際關係；要是長期聽不到下屬的逆耳之言，我們就應該反省一下自己的工作作風。

第二，要善於傾聽各種不同的意見。

人們對事物的評價總會有所不同，甚至同一個人對同一事物的不同階段也有不一樣的看法。所以，在工作和生活中，存在不同意見是很正常的。其實，我們最怕的就是沒有不同意見，只有一種聲音。如果壓制了不同意見，工作往往只能是一灘死水，那麼我們的工作環境將會少了一份生機，少了一份活力。只有充分傾聽不同意見，才能形成生動活潑的工作局面。

第三，要善於傾聽背後的議論。

一般情況下，別人對我們背後的議論我們可能當下是聽不到的。世上沒有不透風的牆，這些話遲早是要傳入我們耳中的。即使聽了不好的議論，我們也不要急於辯解，重要的是要用事實來澄清。

傾聽是一種姿態，是一種與人為善、心平氣和、謙虛謹慎的姿態。我們有了這種姿態，就能做到光明磊落、心底無私、海納百川。專心致志的傾聽正在和你交談的人的話，這是非常重要的。西方的一位名人曾經說過：「有許多人之所以不能給別人留下深刻而良好的印象，就是因為他們不注重傾聽別人說話。他們關心的是自己接下來該說什麼，而從來都不會認真去聽別人要說什麼……而有許多大人物曾告訴我，對於善於談話的人和善於傾聽的人，他們更喜歡後者。」

那些只談論自己的人，只知道為自己著想。美國著名的哥倫比亞大學校長班德勒博士曾經說過：「只為自己著想的人，是無藥可救的缺乏教育者。無論他接受過什麼樣的教育，都是沒有教養的人。」

所以，你要是希望自己成為一個善於談話的人，最重要的就是要先做一個善於傾聽他人說話的人。正如一位哲人所說的：「如果你想使別人對你感興趣，那麼首先就要對別人感興趣。」事實上要做到這一點並不難，你可以問別人一些他們喜歡回答的問題，鼓勵他們談論自己及他們所取得的成就等等。

千萬不要忘記，那個正在與你談話的人，對他自己、他的需要、他的問題，比對你及你的問題要感興趣得多。例如，可以舉一個簡單的例子：假如一個人脖子上有一顆小痣，那麼他對自己這個痣的在意程度，絕對遠遠大於對非洲四十次地震的關注。

在日後和別人交際中，你不妨就採用上面的這些方法試試。請記住，要讓別人喜歡你，原則之一就是：做一個善於傾聽的人，多多鼓勵別人談論他們自己，這樣你就會給別人留下好的印象，成

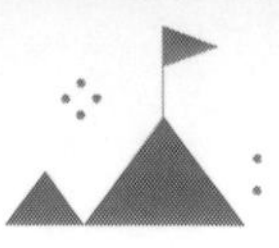

為受人歡迎的人。

真正有氣場的人在和他人交談的過程中，不論是扮演說話者還是傾聽者的角色，他們都能把自己氣場的強大感染力傳遞給周圍的人，讓人們產生眼前一亮的感覺。而要想做一個真正有氣場的人，我們就要在說話的時候做到有條不紊，在傾聽的時候做到全神貫注。

適時調節聲音，為吸引力加分

我們的氣場，可以透過聲音、外貌、行為方式和說話的內容等而得到放大和提升。我們要將資訊傳遞給聽眾，那就離不開聲音。我們能否和聽眾進行充分的交流，這完全取決於我們的口語表達能力和說話的聲音技巧。人們的氣場大小與人的說話聲音有著密切的關係。

我們的說話聲音總是在發生著變化，其實它是隨著我們自身的變化而變化的。它對我們如何感知自己、如何感知他人都有著深刻的影響。國外的一家權威調查機構透過問卷調查發現，有高達九成的人都認為，聲音是一個人氣場的最重要的構成部分。一個人講話時的聲音能否有足夠的吸引力，這和他受歡迎的程度有關，也和他社交上的成功與否有著密切的關係。其實，對於任何人而言，聲音都可以真實的反映出他的教養和品性。

聲音，因為它是氣場的組成部分，所以在氣場中發揮著很大的魔力。我們可以用自己的聲音來爭取聽眾的支持，讓他們相信我們，或用聲音贏得他們的尊敬、愛戴和信任。當然，我們也可以用自己的聲音使聽眾精神振奮或昏昏欲睡，同時也可以疏遠或吸引他們。

在一九三九年的時候，一部以《世界的戰爭》改編而成的廣播劇，在美國轟動一時。雖然當時廣播公開聲明說這僅僅是一個戲劇而已，並不是真實事件，可是這家電臺的聽眾眾多，再加上當時的主播的聲音讓人心情激動，結果全美國的人都著了迷。當時，有成千上萬聽了這個廣播就開始恐慌起來，因為他們相信廣播中所說講述的事情，他們覺得人類將要遭到火星人的入侵。

從這一點來看，優美動聽的聲音對增強我們自身的氣場有很大的幫助作用。

我們可以想想，為什麼我們容易信任那些優秀的新聞主播呢？其實很簡單，那就是因為他們的聲音聲調優美、低沉悅耳，能給人以美的享受。因為他們的聲音有很大的吸引力，所以聽眾便不會輕易轉移注意力。那些僅有一副姣好面容的播音員並不一定能得到大家的喜歡。而那些能在激烈的競爭中生存下來的播音員，大多都有著一副讓人愉悅的、一流的好嗓子，當然，他們也都是好記者。

倘若我們假設這些人的嗓音都不好，不是沙啞就是刺耳的，那他們就很可能在激烈的競爭中被淘汰掉。當今社會，有很多有才華的年輕人都接受過高深的教育，畢業於知名大學，他們學習著那些呆板而又死氣沉沉的語言和語法，學習著自然科學、文學、藝術等多種科目，可就是沒有學習怎麼才能發出優美的聲音。所以，我們從他們的聲音中總能聽出那些不和諧的音調。甚至有的感覺敏銳的人可能都無法和這些年輕人進行正常談話

所以，倘若我們的嗓音讓別人聽起來感到不舒服，這就可能會抹殺我們其他方面優點，同時也

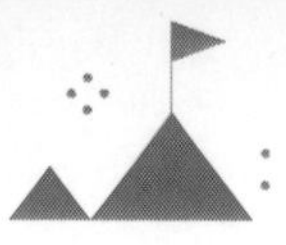

能降低我們的氣場吸引力。

我們應該讓自己的聲音成為氣場的優勢，而不要讓它成為氣場的敵人。不論我們原來的聲音怎麼樣，其實都可以透過練習來進行改變，從而讓它體現出我們的氣場魅力。所以，我們要明白，我們的聽眾所期待的是什麼樣的聲音，當然就是容易讓人聽懂的與此同時還能讓人愉悅的聲音。

倘若我們的聲音洋溢著純潔、和諧、生氣勃勃的氣息，那麼它就能強化我們的氣場。倘若每一個音節，每一個生字和每一個句子都能被我們清晰圓潤的表達出來，而且顯得抑揚頓挫、高低有致，這樣的節奏感是非常美妙的。所以，我們要注意訓練自己的聲音，從而讓自己擁有強大的氣場，讓更多的人喜歡我們，或者被我們所感染。

幽默，最具傳染力的傳遞藝術

在日常交際中，幽默為人們之間的互相溝通、化解矛盾和拓展人脈提供了很好的幫助，它可謂是社交中的潤滑劑。它能讓人們在交往中減少摩擦，從而讓我們的人際關係更加和諧。他人的幽默常常會讓我們感到輕鬆愉快，因此鬱悶的情緒也會得到緩解。笑對生活，生活就會變得更好，這正是幽默為我們帶來的強大氣場。

幽默可以透過讓大家都發笑的方式來彌補人與人之間的思想鴻溝，連接起感情溝通的紐帶，讓人們之間彼此更信任，化干戈為玉帛。幽默在解決各種矛盾和問題的時候，能很好的發揮它的作用。

幽默能讓我們的生活充滿情趣，相信，沒有人願意和鬱鬱寡歡的人接近，可是人人都喜歡和機智風趣者交往，因為他們的幽默能讓人感受到快樂。一位心理學家曾說過：「幽默是一種最有趣、最有感染力、最具有普遍意義的傳遞藝術。」還有人這麼說過：「不懂得開玩笑的人，是沒有希望的人。」這些都證明了幽默對我們生活的重要性，所以，我們在生活中都應該學會幽默。

當然，有的人不論大事還是小事，甚至也不分正式和非正式場合，都總是不苟言笑，對他人的幽默表達不能心領神會，這就不免有些遺憾。我們要培養自己的幽默感，需要注意以下幾點：

第一，知識淵博才能讓你懂得幽默

幽默並不是不切實際的油腔滑調，也不是刻意的嘲笑或諷刺。它是文化積澱的表現，當事人的文化水準達到一定的層次，這才可能將幽默運用得恰到好處。只有我們的知識面寬廣了，才可能做出一個恰當的比喻。同時，幽默首先是個人智慧的表現，只有知識淵博的人才能審時度勢，才能妙語連珠，引人入勝。

既然幽默需要豐富的知識，所以我們就應該廣泛涉獵，從浩如煙海的書籍中收集幽默的浪花，從名人趣事的精華中提煉幽默的寶石。

第二，洞察力——幫助我們迅速捕捉事物的本質

幽默感的培養還離不開敏銳而深刻的洞察力，也就是要能迅速的抓住事物的本質。雖然擴大我們的知識面能為我們的幽默提供基礎，可是沒有什麼能替代深刻的觀察。其實，有不少學識淵博的

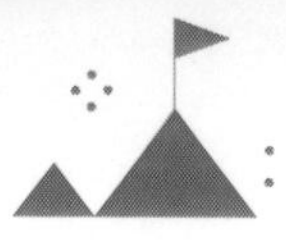

人並沒有看到事物上的幽默。當我們迅速的捕捉到事物的本質，然後能用恰當而詼諧的語言把它表達出來，這就能讓人們產生輕鬆的感覺。

與此同時，我們還應注意處理問題的靈活性，而做到對不同的問題有不同的回答，既讓人們覺得幽默而又不落俗套，這才真正體現了幽默的魅力。當我們把自己的洞察力和觀察事物的能力提高了，就可能尋找到生活中其他人觀察不到的幽默。

恰到好處的幽默所帶來的感情衝擊力是很巨大的，它有足夠的能量來消除人與人之間的誤會和紛爭。所以，溝透過程中，幽默也是富有感染力和人情味的。

美國總統林肯在一次演講中，當他正講得起勁時，突然人群中有一位不知名的先生給他傳來了一張紙條，林肯打開一看，讓他出乎意料的是，紙條上竟然只有兩個字——「傻瓜」。當時，旁邊的很多人都看到了紙條上的字，他們都看著總統，看他究竟如何處理這樣的公然挑釁。

只見林肯略作沉思，然後他便微微一笑說的對大家說：「其實本人至今已經收到了很多匿名信，可是全部都只有正文，沒有署名，而今天的這個正好相反，這張紙條上只有署名，沒有正文！」他的話剛剛說完，大家都為他的機智和幽默而鼓起了熱烈的掌聲。而那位寫這張紙條的人則混入人群中灰溜溜的逃走了。於是整個會場的氣氛便由緊張變得輕鬆，林肯開始繼續進行他的演講。

林肯不愧為機智幽默大師，在如此緊急關頭，一句話便扭轉了會場的緊張局面，為自己的氣場增添了光輝的一頁。

幽默是生活的調味劑，有了它，我們的生活會更有滋味。當然，調味劑畢竟是附加使用的，不可濫用。這就像用鹽一樣，用得適量能讓我們做的菜味道鮮美，而用得太多就會讓人難以下嚥。所以，在交往的過程中，幽默用得恰到好處，這才能發揮它的魅力。

其實，幽默不單單是一句話或一個故事，它更是一種生活態度，一種生活方式。幽默感越強的人，越能笑對生活，越能給自己帶來強大的氣場。我們可以透過幽默的方式，將自己的氣場傳遞出去，用來感染我們周邊的人。

五、養護身體健康，為氣場穩定存在的保障

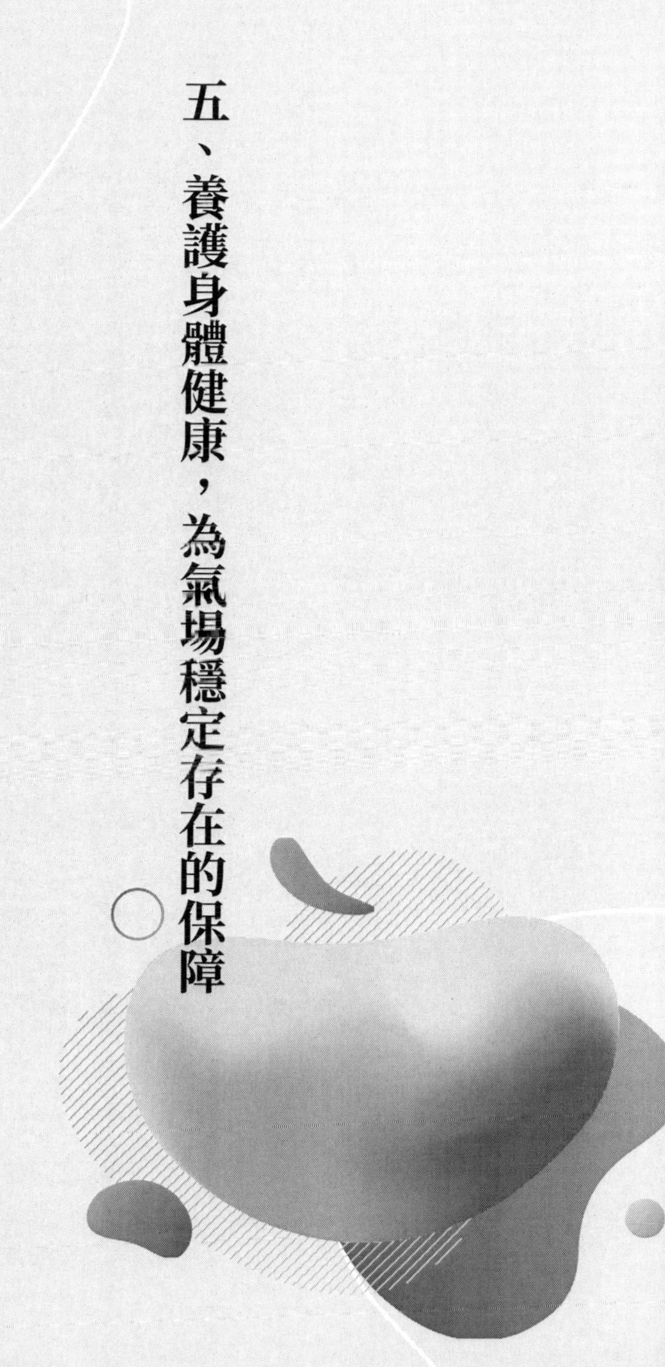

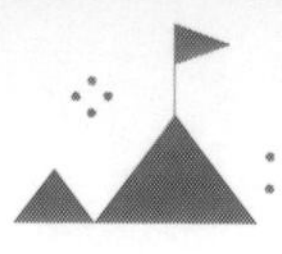

好心情和壞心情

在每年耶誕節的時候，索爾的兒女們都會帶著他們各自的孩子從不同城市回家過節。索爾的兒女們都事業有成，家庭幸福。可是當他們和父母共度節日時，總是要面對癱瘓在床十幾年，而且整天呻吟嘆息的父親索爾。

索爾的夫人艾拉也已年邁，行動遲緩，很少言語。所以，他們的屋裡總是散發著陰沉、腐敗的氣味。在聖誕這個喜慶的日子裡，家家都歡聚一堂。可是索爾家裡的氣氛總是不那麼熱鬧。雖然兒女們、孫子們都能回來團聚，可是父母們所聊的話題都是他們平時和兒女們在電話中老生常談的內容：身體這裡不舒服、那裡不舒服……終於到了一家人坐下來共進晚餐的時候了，可是幾乎所有的大人都保持沉默，那些小孩們都不哭不鬧，整個場面真是太安靜了。

所以，每年的耶誕節假期，索爾的兒女們都感覺很壓抑。當這幾天假期結束後，他們都想迫不及待的離開父母的家。

有個老人生病在臥，不但病人本人痛苦，而且還影響到了家中的其他人的精力、時間和心情。

但是，我們再來看看下面的故事，結果完全不同。

馬克是個很樂觀的人，在平日生活中，每當有人問他近況如何時，他總是回答：「我很快樂。」他是一位很獨特的經理。因為他換了好幾家公司，每次他手下的幾個人都總是跟著他跳槽。他是個很能鼓舞他人的人。假如有員工心情不好，馬克就去開導他。

他那樂觀的生活態度的確讓朋友感到很好奇。一位朋友對馬克說，人們不可能總能看到事物積極的一面，那你是怎麼做到的？馬克回答說：因為我每天早上都會對自己說，馬克，你今天有兩種心情可以選擇，好心情和壞心情。而我每次都會選擇好心情。當遇到壞事情的時候，我可以選擇成為一個受害者，也可以選擇從中學到一些東西。而我選擇了從中學習。當有人在我面前訴苦或抱怨時，我可以選擇接受他們的抱怨，當然也可以指點他們學會看到事情的正面，我通常會選擇後者。這就是我處世的原則。

他的朋友聽了這些話後，覺得現實中的事情雖然並沒有那麼容易。可是，馬克告訴他的方法其實就是這麼容易。人生就是自己的選擇。就看你要選擇樂觀對待還是消極對待，有什麼樣的選擇態度，就有什麼樣的人生。

聽到了馬克的這些肺腑之言後，他的朋友也受到了不小的啟發。沒過多久，那位朋友就去開創自己的事業了。

過了幾年，馬克出事了：那是一天傍晚，準備回家的他，突然遇到了幾個強盜，他們掠奪了馬克身上的財物後，還對他開了槍。幸好馬克被一位清潔工人發現了，便趕緊將他送進了醫院。經過八小時的緊急搶救和兩個多月的治療，馬克出院了，只是仍有小部分子彈碎片留在他的體內。

半年之後，他碰見了那位去創業的朋友。當朋友問他近況如何時，他還是那句：「我很快樂。想不想看看我的傷疤？」朋友看了看他的傷疤後，又問他半年前這件事發生時，他在想些什麼？馬克答道，「當我中了一槍躺在地上時，我就想著自己目前面臨兩個選擇：死、活。我選擇了活。」

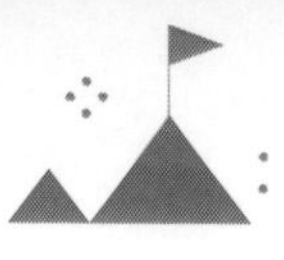

「你當時不害怕嗎？有沒有失去知覺？」朋友問道。

馬克繼續說：「當時的醫護人員很好，他們不斷鼓勵我，告訴我別害怕，一切都會好的。可是當他們把我推進急診室後，從他們的表情和眼神中，我覺得他們認為『這個人救不活』，我知道我應該採取一些行動了。」

「那你採取了什麼行動？」朋友緊接著問道。

「當時有個護士大聲問我，有沒有對什麼東西過敏。我馬上答，有的。於是，所有的醫生護士都停下來等著我說完。我深深的吸了一口氣，然後大聲吼道：『子彈』。當時他們都笑了，『我要活下來，請不要把我當死人來醫，我是活人。』我又說道」

馬克活了下來，這與那些醫術高明的醫生有很大的關係，當然也離不開他那驚人的樂觀氣場。因為他那健康的氣場，所以他戰勝了一切不幸，最終也戰勝了病痛。

心理暗示會影響生理狀況

馬明河有過這樣一次真實的經歷：他在一次出差的時候，住在一家旅館。當睡到半夜，突然他的氣喘病發作了。於是便坐了起來，這時他感到呼吸困難、胸部憋悶。由於身體難受，他來不及開燈，就開始用手摸索窗戶的位置。雖然找到了窗戶，可是，無論他怎麼使勁，也無法將窗戶打開。情急之下，他便揮拳把窗子的玻璃擊碎了。於是便感到一股涼爽的新鮮空氣迎面撲來。他走到了被擊碎的窗戶邊大大的吸了幾口氣，感到氣喘明顯減輕了很多，於是他又摸索著回到了床上躺下，很快就安然入眠了。

當他第二天早晨醒來後，想起了昨天夜裡發生的事情，於是便趕忙去查看，他想知道到底是哪一扇窗子被他打破了。可是，看到的情況讓他感到很奇怪，因為所有的窗戶都好好的。再往四周一看，原來，牆上有一塊梳妝鏡，沒想到被他打破的竟是那塊梳妝鏡。

馬明河的氣喘發作是不可否認的事實，當他打破了梳妝鏡之後，他的氣喘被控制了這也是不爭的事實。可是「治」好他氣喘發作的那「一股涼爽的新鮮空氣」其實並不存在。那只是他想像之中的事情。像這樣的「想當然」就是我們通常所說的心理暗示。

暗示現象是人們的一種心理活動。它可謂是一把雙刃劍，既能產生治療的正面效果，也能產生負面的影響。比如，在通常情況下，很多人都敢站在桌子上，而且也不會感到害怕。但是，倘若我們將這個桌子放在懸崖邊上的一塊土質比較硬的地方，保證桌子不會掉下去，但是桌子和懸崖近在咫尺。這樣的話，敢站在上面的人恐怕就寥寥無幾了。可能還有很多人剛走近桌子就開始呼吸急促、心跳加速、兩腿發軟。而這個時候，恐懼者的身體很明顯是不正常的了。

健康的氣場能量能讓我們的身體向著樂觀、健康的方向演化；同樣的道理，那些負面的思想和壓力能降低我們的身體活力，從而影響大腦的功能。積極的心理暗示，能幫助被暗示者穩定情緒、樹立自信心，從而去戰勝困難和挫折，消極的暗示會給被暗示者造成不良的影響。

只要我們的氣場健康了，那就能幫助我們的大腦和情感持續不斷的重組、改造和進行新陳代

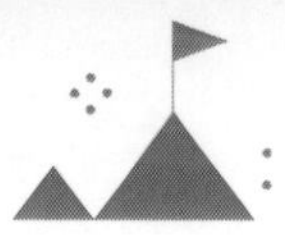

謝，從而將生理的壓力驅趕出我們的身體，於是我們的身體就會恢復它本身的功能。

布蘭妮是一位年輕的天才歌唱家，曾經有一次，一家唱片公司向她發出了邀請，請她出演一齣歌劇。這次演出的確非同尋常，所以她有點緊張。在此之前，她曾有好幾次在導演面前試唱的機會，可是都失敗了。因為那幾次失敗讓她感到痛苦不堪，每經歷一次失敗，都會加重她內心的恐懼，所以，在下一次試唱的時候她就可能背負更大的壓力。

當然布蘭妮的嗓音非常好，但是她每次都很懷疑自己，總擔心自己試唱的時候會在中途出現問題。同時，她還懷疑自己難以入戲，也擔心導演不喜歡她的嗓音。所以，她的潛意識所接受的自我暗示都是消極的，但這些消極的潛意識調控著她的身體，結果，在她演唱時就不知不覺的把這種觀念變成了現實。

於是，布蘭妮便去找心理醫生進行治療，心理醫生讓她嘗試著用積極的自我暗示來對抗消極的自我暗示，讓她在每天早晨和晚上，分別進行一次訓練。在訓練的時候，找一間安靜的小屋，在小屋的中央放一把椅子。然後坐在上面，閉上眼睛，讓全身放鬆，讓自己的身體和心靈都在此時此刻歸於平靜。然後對自己說：「我的歌聲很動聽，我的儀表很優雅，我能成功完成任務。」

按照心理醫生的指點，她每天都堅持做這樣的訓練，經過了為期一個月的訓練，她終於讓自己的自我暗示發揮了積極的作用，在那場關鍵而重要的演出中，獲得了空前的成功。

前後兩次不同的心理暗示，取得了完全不同的效果。所以，我們在日常生活中要給自己經常進行一些積極的心理暗示，這不但對我們的身體，同時對我們的人生都有著積極的作用。

精神，身體的健康規劃師

人的生命和健康的狀況通常與思想和氣場是保持一致的。健康在很大程度上是一個觀念問題。我們應該透過正確和健全的思考去實現它。

雖然從目前的現實情況來看，人們還沒有意識到「自私」也能給自己的身體健康帶來麻煩，但相信，隨著時間的推移，我們就會明白，貪婪和各式各樣的自私都會讓我們產生身體上的不適或疾病。

我們不要過多的考慮疾病，不要總想著生病，否則，埋藏在我們身體深處的那些疾病的種子就可能趁機生根發芽，並破壞我們身體的和諧狀態，讓我們的氣場得到削弱並損害身體機能。

不論是哪個方面的不協調思想和任何有關生理狀態不好的想像，那些所有能讓我們感到恐懼和擔心的事物，以及所有的氣憤、怨恨、嫉妒、貪婪和自私等這些情緒，最終都會損傷我們的身體吸收功能，從而影響了我們的健康氣場和狀態。

精神是我們身體的健康規劃師，精神上的健康狀態決定著我們身體的健康。倘若我們的思考模式中有著缺陷和不足，那麼這些都可能會在健康的氣場中有所反映。

如果我們整天都想著自己會不會生病的事，或者懷疑自己是否可以保持強壯的身體、充沛的精力，甚至懷疑自己有可能患上某種難以治癒的疾病，如果我們的思考方式總是這樣缺乏理性，那麼我們又怎麼會擁有完全的健康呢？

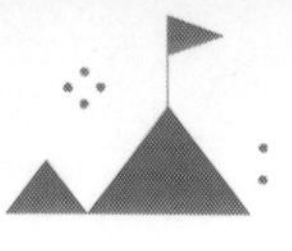

可能很多人都有這樣的觀點，他們認為健康是命中注定的事，因為這在很大程度上是由不可變更的遺傳機制所決定的。為了生活，很多人都會投入無限的辛勞。因為我們明白事業的成功必然基於對培訓、體制和管理方式的規劃。甚至，我們所追求的每一步成功都必須經過深思熟慮和精密籌備，這就告訴我們，若想在某個領域有所建樹，那就要經過許多年的辛苦努力才可能做到。所以，他們就可能因為種種原因而忽視自己的身體健康，健康是促成事業成功的基礎，可是他們卻沒有重視，結果卻將身體搞垮了。這樣一來，他們的辛苦努力將是得不償失的。

而當我們意識到氣場可以主導我們的身心健康和身體狀態時，當我們覺得強健的體魄對增強我們的主動性和創造力、對激發我們的熱情和加強我們的判斷與執行力有幫助的時候，我們就會想盡辦法讓自己擁有健康的身體，而這一切的首要條件就是我們一定要擁有堅強的氣場！

當然，我們也可以採用一些明智的方法為我們的健康氣場進行奠基。具體而言，可以在平時多想想健康、多聊聊健康，讓自己保持著健康的信念，就像學生時代的我們學英語的時候，要給自己創造出英語氛圍，聽說讀寫等都不脫離英語一樣。只有當我們對健康、強健、和諧、正確和仁愛等這些積極的思考取代了對疾病、軟弱、錯誤、憎恨等這些消極的思考時，健康才可能成為現實。也就是說，我們追求健康的實現，那就需要用積極的思想來取代消極的思想。

對於我們的健康而言，氣場是健康的關鍵要素。我們應該擁有積極的思想，完全相信自己可以透過健康而和諧的思考獲得擁有健康的能力。

保持思想年輕，讓你戰勝衰老

若我們的思想始終保持在年輕的狀態，那就能為我們的身體增加一份年輕的活力。如果一個人的精神狀態總顯得暮氣沉沉的，那他就算穿上年輕人的衣服，假裝自己依然保持年輕，仍是得不到大家的認可。所以這就告訴我們，若想保持年輕，那就要首先清除自己思想中的衰老意識，這是很關鍵的問題。

倘若一個人在思想層面覺得自己不年輕了，這樣的話就是使用再多的化妝品、裝扮的再年輕，那也無法掩蓋衰老的痕跡。所以，要保持自己的年輕，就要讓自己的信念保持年輕，要轉變那種認為自己已經走向衰老的意識。

氣場的影響是很強大的。只有當我們的思想永遠年輕，那麼我們才能感到自己的年輕，也就能贏得抵抗衰老的一半勝利。當然，不論我們的感受如何，年齡還是會隨著時間的推移而增長的，這一點不可否認。

要相信自己年輕，才可能讓自己保持年輕，不論我們可以活多久，我們對於年輕或衰老的意識都會反映在我們的身體變化上。如果總是認為自己已經衰老，那麼這個世界上就再也沒有什麼東西能夠讓我們保持年輕了。所以，我們應該讓自己擁有樂觀、希望和活力的年輕思想，倘若思想過早老化，那麼生活的艱難困苦就可能讓我們的大腦和神經承受巨大的負擔，從而嚴重損害我們的想像力，讓我們不再有年輕的活力，不再有年輕人所特有的機敏、準確、靈活和高雅。

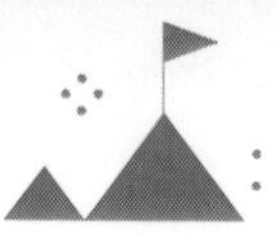

五、養護身體健康，為氣場穩定存在的保障

倘若一個人的生活態度過於嚴肅，整天都在琢磨謀生的技巧，那肯定就很難讓自己的心態保持年輕，於是他的臉上就可能失去年輕人的神情，他們的生命之泉可能提前枯竭，不斷萎縮，沒有新鮮的水源，他的身體也會逐漸產生相應的變化，和他的思想一樣開始不斷乾涸、萎縮，以至衰老。快樂幸福的對待生活的人，他們習慣於平靜祥和的生活，這樣的人通常不會像飽受艱難困苦的人那樣容易衰老。

而那些停止自我提升，停止學習新東西的人，也容易過早的老化，這也是很多人過早老化的原因。人到中年，有不少人到了四十多歲的就失去了獲取和接納新思想觀念的能力，於是他們的認知和發展就很容易停滯，這的確是一個很可悲的事實。

如果我們在一段時間內有了很大的進步，千萬不要像遠航的輪船拋錨那樣停止遠航，這樣會讓我們迅速衰落。一定不要讓自己失去年輕的心態，不管我們過去做過什麼，都應該努力去過屬於年輕人的生活。不管我們的歲月已經流逝了多少年，也不要給自己帶上精神枷鎖，覺得自己的實力不夠可能難有建樹。應該讓自己收放自如，超越年齡的界限。我們要明白，那些陳腐的思想和精神通常會讓我們的身體不斷老化。透過不斷的堅持學習，不斷的對周圍的事物保持濃厚的好奇心和興趣，這也是讓我們保持身體不老化的一個方法。

氣場的作用是巨大的，擁有自信的氣場，就能讓自己越活越年輕。

在生活中尋找生命力的東西

曾經，有一位富豪患上了絕症，他在臨終前很後悔自己以前沒有重視自己的身體，他說「現在我才真正意識到健康的重要性。人的生命原來是非常脆弱的，當人生了病才真正體會到了病來如山倒的可怕，雖然我現在終於明白了這個道理，可惜已經來不及了。倘若能再有一次重來的機會，我一定會時刻關注自己的身體。」

其實，人的身體就是這樣的，雖然有的人看上去很強壯、結實，可是如果不密切關注保養，身體就可能會出現病變，倘若我們失去了健康沒了生命，那氣場當然也就成為空中樓閣了。

對很多人來說，可能都有這樣的觀點：日常生活中，誰都願意和那些有熱情和生命力較強的人來往。很簡單，這是因為我們能從對方的身上吸收到生命的力量，同時讓自己受到他的積極影響，從而煥發出一種熱情和積極向上的力量。

同時，也沒有人願意整天和那些沮喪、沉悶、憂鬱的人進行交往，因為我們從他們的身上吸取不到那些快樂的因素，而且還會讓自己受到他們的不良影響。事實上，我們捍衛自己的身體健康，讓自己的氣場擁有超強的生命力也適用這樣的道理。所以，我們就應該在平時多接觸一些有生命力的東西，多食用一些有生命力的食物。

也許，會有人提出這樣的問題：如今，我們的生活水準都得到了很大的提高，可以選擇的食物多了，品味也越來越高了，但人們所患的不治之症也越來越多了，而且有很多疾病在以前都是從來

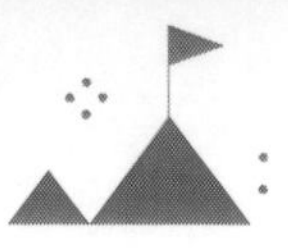

沒有過的，這究竟是什麼原因呢？

其實，就是因為我們現在的生活太好了，在一定程度上違反了自然規律。比如，現在有不少食物都是反季節性的。雖然屋外飄著大雪，可是我們在屋子裡就能吃到西瓜。這些食物均是在各種農藥的保護下、在各種化肥的刺激下生長起來的，它們都不算有生命力的東西！還有，現在肯德基、麥當勞等速食深受歡迎，因為不需要多長的等待時間，我們就能吃到自己所點的食物。而這些速食食物，因為營養單一，常吃這種東西，人的生命力怎麼會旺盛呢？

其實，我們吃東西，不僅僅從食物中吸收它們所含有的營養和能量，同時也會吸收其中所蘊涵的生命力。我們可以想想：為什麼松子的價格要比葵花子高，而且營養價值也比葵花子高？這是因為松樹要經過多年的生長才會結出松子，而葵花只需要經過一年的生長就能結出葵花子，它們所蘊含的生命氣息是不一樣的。

對我們而言，是想要吃一棵年輕的小桑樹上結出的桑葚，還是想要吃一棵有幾十年甚至上百年的老桑樹上結出的桑葚呢？我們是想要喝一棵只有四年的茶樹上採摘下來的茶葉，還是想要喝千年茶樹上採摘下來的茶葉呢？相信，很多人都會下意識的選擇後者，這是為什麼呢？因為它們所蘊涵的資訊不一樣，後者蘊含著更強的生命力。

也許，我們並沒有辦法每天都吃到那些合乎一般生長規律的蔬菜和食物，但是我們還是應該盡量去維護這個規則，順應四時，在不同的季節吃不同的食物，不要忘記提醒自己「冬吃蘿蔔夏吃薑」的原則。

我們應該盡量在生活中找到那些古老而富有生命力的東西，透過自己的接觸和體會，同樣能從它們身上獲得生命力，讓自己的氣場生命力越來越強大。

出生季節影響一生

季節的變化與太陽的照射有很重要的關係。因為太陽是溫度和光線的變化之源。因此與氣場就有很大關聯。

美國的科學家曾經在過去的四十多年間，對接近九萬名的成人和一百一十萬新生兒進行了調查研究，最後發現，季節因素對人們的影響的確會讓人產生不少差異：比如，那些出生在春天的孩子不但有長得更高的優勢，除此之外，它還能獲得一些藝術天賦。據研究顯示，那些從事創造性的職業者，比如作曲家、幽默大師、漫畫家或諷刺喜劇演員等，大約有百分之六十的人降生在春天，而其他季節出生的只有百分之四十。

出生季節還可能對人們的情緒是樂天還是悲觀有一定的影響。據美國和澳洲的科學研究發現，在夏天出生的孩子通常看上去比冬天出生的孩子更快樂。

二〇〇二年的時候，德國著名的人口研究中心發布了一項他們的最新研究成果，該成果認為，在秋天出生的人，通常情況下會比在春天出生的人壽命更長，而且在老年的時期不容易生病。人們的出生季節和壽命之間的關係對於五十歲以上的人群而言則表現得更加明顯。

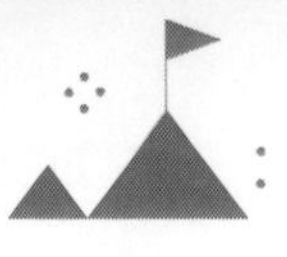

哈佛大學的一名專家做過這樣的研究，透過對不同的人群進行智力測試（主要是新生兒、九個月大的嬰兒、三歲和六歲的兒童），最終的研究結果顯示，嬰兒的智力和出生季節也有一定的關係，冬天出生的嬰兒和其他季節出生的嬰兒相比，出生在冬天的嬰兒個頭更大、智商更高。

美國史丹佛大學的泰勒教授在近十年來一直從事出生季節對氣場影響的研究。他最初注意到人的氣場和出生季節的關係，是由瑞典的一個自殺案開始的。

瑞典北部有一座城市叫烏米亞。這座城市位於北極圈以南五百公里，在冬夏兩季分別出現永夜和永晝的現象。所以，這裡的冬季白天最短時只有四小時，而在夏季，白天的最長時間可達到二十小時。也正是有這種極端的晝夜變化，所以導致瑞典成了世界上自殺率最高的國家之一。

在二〇〇五年到二〇〇八年間，泰勒教授在研究一九六二年到二〇〇三年間烏米亞市自殺居民的資料時發現，春季出生（二月到五月）的自殺者更多選擇上吊的方式，而不是服毒。透過精神病學的分析，和服毒相比，上吊則是更加暴力和殘忍的自殺行為，這個結論表明，在春季出生的自殺者的性格更易怒和好鬥。

二〇〇九年，泰勒教授和另外幾位教授在做情緒失常病患的樣本抽查時，又發現了一些很奇怪的現象。他們從患者的體內抽取了一些腦脊液，然後測量了其中的血清素、多巴胺和甲腎上腺素的含量。結果發現：那些在二月到五月出生的人，血清素的含量明顯要比其他月份出生的患者低。而血清素含量的高低對人的性格會有不同的影響。血清素含量越低，人的性格就會越暴躁，同時情緒會越低落。

透過這些研究，泰勒教授更加確信：人們的出生季節不同，會導致大腦的發育有所不同，它也能以更微妙的方式改變一個人的氣場特徵。

了解身體節奏，讓生活更簡單

人自身的能力狀態和身體的某些機能在一定的週期內會有高低波動，有低潮也有高潮。在不同的時期，人的氣場指數同樣會體現出不同：身體低潮期，氣場指數會隨之變低，而處於高潮期的時候，氣場的指數也相應的會增高。這就是人體的生理節律。

我們透過生理節律就可以解讀人體內的「生理時鐘」，從而了解其規律，然後可以透過調整，讓我們的能力和身體的自然波動互相協調，比如，在低點週期和臨界日的時候，我們就應該養精蓄銳，讓自己的身體放鬆，可以多做一些重複性的工作，對於那些不願見的人和令人頭痛的問題就可以暫時迴避。相反的，當身體運行到了高點週期，那我們就應該把握，這時候可以做出一些重要決定，重新部署自己的工作，貫徹執行自己的意圖。

當我們管理好了自己的身體節奏，那就能更好的利用自己的氣場，讓自己的工作和生活更輕鬆、更簡單。

關於對生理節律的認識，我們來看看下面這個例子就會它有更清晰的認識：

當丹尼睜開了眼睛的時候，才不過清晨的五點鐘，但這時他已精神飽滿，充滿了活力。他看看

旁邊的妻子，她卻依然睡得很香。在和朋友聊天的時候，丹尼說，在過去十五年來，他和自己的妻子幾乎就沒有同時起床過。

事實上，像丹尼夫婦這樣的情況並不少見。每個人的身體都像個時鐘那樣每時每刻進行複雜的運作，而且每個人的運轉速度也因人而異。我們可以看出，丹尼是個典型的上午型的人，上午是他一天中精力最旺盛的時候；而他的太太則要到入夜後精神才最好。

很久以來，人們以為導致這種差別的原因是個人的怪癖或是長期養成的習慣。可是，一九五〇年代後期，著名的醫生兼生物學家提出了「時間生物學」理論，讓人們原有的傳統見解受到了挑戰。

生物學家在哈佛大學的實驗室中，透過實驗發現了一些血球的數目並不是在整天都是一樣的，這和它們從體內被抽出的時間不同有著很大的關係，血球的數目在一天中的某個時間段比較高，而過十二小時之後就會比較低。同時，生物學家還發現心臟的新陳代謝率和體溫等也有這樣的規律。於是，他便得出了結論：人體內的各個系統並不是永遠穩定而無變化的工作，而是有一個週期，每個系統有時會加速，有時也會減慢。我們每個人在一天之內，只有一段有限的時間能達到效率的巔峰狀態。這就是「生理節律」。

生理節律和我們的生活可謂是密切相關，我們的健康、事業、家庭生活、社會活動、閒暇時間和運動等等，這些都能用到生理節律。

在日本和美國的許多企業裡，他們將生理節律的原理應用到了企業的生產和營運上，結果取得了良好的效果。短時間內就讓事故率降低了接近百分之六十。另外，生理節律理論對各類人士追求簡單生活，提高工作效率也有很大的幫助作用。這就需要我們更清楚的去認識自己的身體規律，我們可以這樣做：

早晨起床之後一小時，測量一下自己的體溫，然後每隔四小時再進行一次測量，我們一天中的最後一次測量時間應該盡量安排在自己睡覺之前。這樣，在一天中，我們應該得到五個體溫度數。人的體溫變化都是不同的。有了這些測量的數目，我們就能明白自己的體溫在什麼時候開始升高？在什麼時候可以到達最高點？而在什麼時候又降到了最低點？當我們熟悉了身體的這些規律之後，那就可以利用時間生物學的原理來提高我們的工作效率。

我們可以根據自己的生理節律對工作進行這樣的安排：當生理節律到達最高峰的時候，做些體力工作，這樣能取得最佳的成績。一般來說，這個高峰期可持續四小時之久。所以，我們就應該把那些任務量最大、最不好操作的活動安排在自己的體溫最高時去做。對於從事腦力活動的人，時間表就複雜一些了。對那些要求準確性的任務，例如教學工作，最好就應該讓在體溫正向上升的時候去執行。很多人的體溫上升時間是在早上的八點或九點。而對於閱讀和思考我們則安排在下午二點至四點進行會更科學一點，一般人的體溫通常在這段時間就會開始下降。

總之，人的身體在不同時期會散發出不同的氣場能量，我們應該根據身體的「生理節律」去安排時間，把自己的事務盡可能安排在氣場指數最高的時候進行處理，這樣會取得事半功倍的效果。

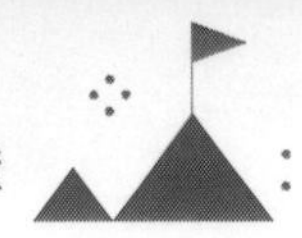

六、遠離負面，掌握積極人生的主動權

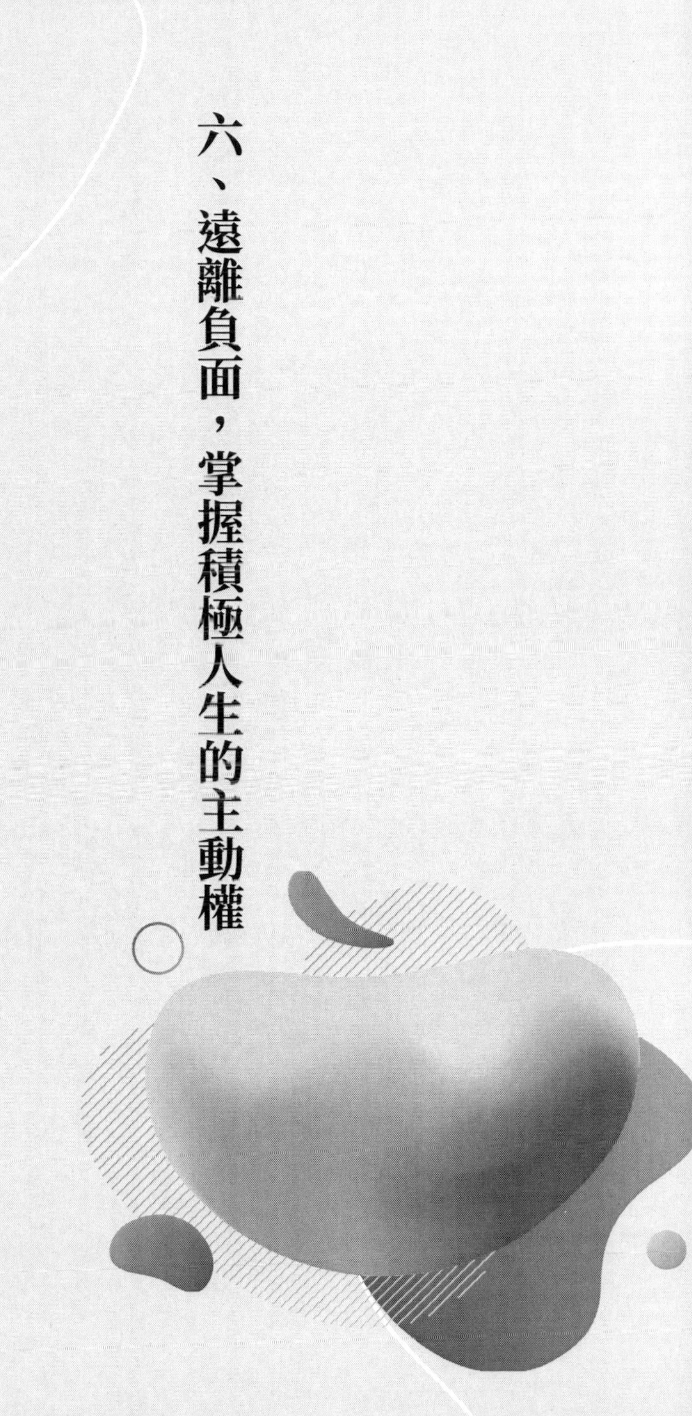

你關注什麼，氣場就會為你實現什麼

平日裡，我們關注的是什麼，氣場就會將我們的生活變成什麼樣。因為當人們堅持不懈的關注自己心中的某個想法時，自己的行動就會在意識的促使下不知不覺的向所想的方向去發展。

美國的一位哲學家曾經說過「關注什麼，就吸引什麼。」這句話就是說，我們所關注的事情都會有可能出現在我們的生活當中，也就是我們的意識和想法會吸引一些我們所關注的事物。我們可以舉個生活中的簡單例子，比如，通常情況下我們每天七點按時醒來，可是如果第二天有急事要辦，我們想提前到六點起床，那麼第二天即使沒有鬧鐘，我們也會在六點鐘起床。

在現實中，人們是很難戰勝自己所關注的事物的。一位心理學家說過這樣的話：「人類的神經系統是很『蠢』的，如果你用肉眼看到了一件喜悅的事，它就會做出喜悅的反應；看到悲傷的事，它會做出悲傷的反應。」我們將自己的注意力集中在哪個方面，那自己的生活就會向哪個方面發展；有怎樣的決定，就有怎樣的地位和境遇。

倘若我們把怎樣取得成功當作每天必須關注的內容，而且長期堅持下去，那麼我們的這個想法將會吸引成功所需要的那些條件，未來我們就會取得成功。倘若我們想的是失敗，覺得自己的生活看不到希望，感到前途一片迷茫，那麼成功將永遠與自己無緣。

倘若我們關注的是貧困，自己的眼睛和心靈裡都充滿了對匱乏和窮困的擔憂，那我們就很難成為富足的人。倘若我們堅信自己一定會獲得財富，抱著這樣的心態去不斷努力奮鬥，財富就會被吸引到我們的世界中來。

倘若我們關注的是自己年齡日漸增長和身體逐漸走向衰老，想到的盡是虛弱和衰老後的行動不便，那麼我們的身體也就開始逐漸產生反應，走向衰老。我們覺得自己有多老，那麼看著就會有多老。倘若我們不受年齡的影響，認為自己一直很年輕，一直充滿活力，並且能以愉悅的精神狀態投入到自己的工作和生活中，那麼我們的身體就會漸漸的呈現出年輕人的活力。

倘若我們關注的是善良，是仁愛，看到的都是人間的溫暖，我們就會發現原來生活是那麼美好。倘若我們關注的是邪惡，是人們彼此之間的冷漠，那麼可能整個世界在你眼裡處處是蕭條的景象。

倘若我們關注的是積極的東西，比如，「我現在的心情很好」、「我的生活正在一天天的向好的方向發展」等等，那麼我們的確就會覺得自己的心情很愉快，相反，我們的一天都可能在悲觀中度過。雖然面對的是同樣的情況，卻有不同的情緒與反應。

事實上，在很多時候，如果我們經常關注的是消極的一面，我們的氣場也將會變得消極，從而讓我們錯失許多可以獲取成功、過上美好生活的機會。相反的，倘若我們一直關注生活中美好的、積極的方面，那麼我們的氣場也會由此而變得強大積極，從而帶動我們的人生走上精彩的高峰。

只有當人們相信一些東西的時候，才可能感覺到它的存在，即使美好的生活是一個遙遠而模糊的意象，那我們也要用自己純淨的心讓它變得清晰。美國著名心理學家威廉斯說過這樣一句話：「無論什麼見解、計畫、目的，只要以強烈的信念和期待進行多次反覆的思考，那它必然會置於潛

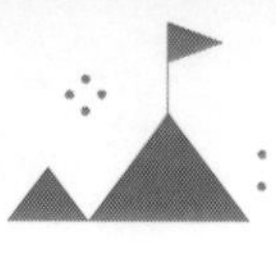

意識中，成為積極行動的泉源。」

當我們想讓自己過上富足的生活，讓自己擁有快樂的心情，讓自己有一個成功的未來，那麼我們應該遠離負面氣場，多關注和吸收那些積極的因素，相信美好的存在。

消極心態對自己的危害

消極氣場對人們的成功來說是一個大忌。我們可以想想，如果一個人整天都處在消極氣場的氛圍下，只會渾渾噩噩、憤世嫉俗的話，這樣不但會讓自己沒有心思進行學習和工作，還會讓這些不良的心態和價值觀導致自己的人際關係趨於緊張。

一旦人的消極氣場產生，那就相當於不相信自己，覺得自己是無能的、無力改變現狀的，所以就只能用抱怨來發洩內心的憤怒。當抱怨情緒產生了，那麼自己的主動積極心態就被抱怨趕走，於是就會戴著灰色眼鏡來觀察整個世界，就會覺得自己的生命很沒價值，什麼事情都不想做，白白的浪費光陰。

人們的態度消極，那就會使自己的氣場變得消極。如果一個人的心態受到了消極被動情緒的影響，那麼即使是一點小小的困難，也可能被看成難以逾越的屏障。於是，沒完沒了的抱怨就可能開始了。

而擁有積極氣場的人就不同。他們無論處在何種境界，都能保持自己的開心快樂，依然滿懷希望，依然充滿陽光。

二戰期間，一個名叫維克多．弗蘭克的精神病學家曾經在納粹集中營裡被關了好幾年。飽受生活上的欺凌和人格上的侮辱。在那些暗淡的時光裡，每天都有因飽受折磨而發瘋的人。他強迫自己不去看和想那些倒楣的事情，而是盡力回憶自己以往經歷過的各種愉快的事，並刻意幻想今後生活中將會遇到各種好運，將會發生各種奇蹟。於是，他每大都過得無憂無慮，臉上常常浮現出燦爛的笑容。終於，當他從集中營被釋放出來，重新獲得自由時，他的親朋好友簡直不敢相信，一個曾在地獄裡受盡凌辱的人，竟能保持著如此年輕而不衰老的心境。

維克多．弗蘭克在幾年的痛苦生活中，就是不斷的用這種好心態來激勵自己堅強的活著，一次次戰勝自己的消極心理，不斷給自己打氣。勇於打破舊的自己，塑造新的自己。最終，他戰勝了心魔，消除了自己的心理迷霧。倘若換一個人，也許在如此糟糕的環境中，就會悲觀絕望。這種態度會讓自身的氣場變得極為消極，所以，納粹集中營裡有很多人忍受不住精神折磨，最後便憂鬱而終。

如果一個人擁有積極的氣場，那他在遇到困難的時候，也能很自動的調整自己的心態，不會被消極和鬱悶的情緒所困擾；如果一個人身上體現的是消極氣場，那就可能遇到一點小事都會悲觀、失望，這時，不良心態就會和消極氣場形成一個惡性循環。

安娜在一家大型公司已經工作了五年了。可是她最大的問題並不是工作能力上的欠缺，而是她那封閉敏感的內心。

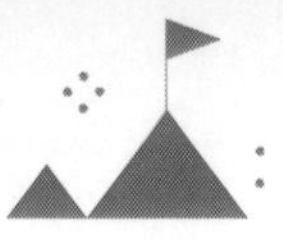

前不久，公司舉行了一次重要活動，該活動就是由安娜策劃的，結果由於策劃的疏忽，這個活動並沒有取得預想的效果，給她造成了不小的打擊，讓本來性格就很內向的安娜變得就像驚弓之鳥似的。為了保住這份來之不易的工作，她開始逃避以前本來完全可以應付的業務。她的鬥志開始動搖了，看人都是那種羞澀懼怕的眼神，也開始用「不求有功，但求無過」的安守本分的心態對待工作。

看到她如此消極的狀態，主管無奈的說：「如果是新職員的話，公司早就把她打發走了；但安娜小姐不同，公司很看好她的，所以我們都在想辦法讓她重新樹立自信。」

從安娜的故事中，我們可以看出，消極氣場會為我們的工作帶來很多麻煩。原本可以把工作做得很好的人，在經歷了一次失敗的打擊後就開始變得消極頹廢、逃避現實，讓消極氣場充斥著自己的全身。她想透過逃避來消除內心的自卑和對困難的懼怕，但越逃避反而會越自卑，而越自卑也就越想逃避。

所以，倘若一個人擁有消極氣場，那他就會經常認為自己不行，覺得自己沒有能力，也就不敢邁出前進的腳步，這是很可悲的事情。其實，每個人都自己的優點，只要我們能將這些優點得到充分的利用，讓它形成自己的積極氣場，那麼就完全能成就自己。

堅持不懈，讓自己勇往直前

我們的一生是一個追尋夢想的過程。這個過程是艱苦的，但我們要學會堅持不放棄，才能讓自己的氣場在實踐中不斷發揮作用，從而讓我們距離目標越來越近。

「只要功夫深，鐵杵磨成針。」若想取得成功，就要懂得堅持不懈。只有勇往直前，向著自己的目標一直走下去的人，才能讓自己的積極氣場不斷發揮，造就自己的積極人生。

古代著名的藥物學家，《本草綱目》的作者李時珍就是一位向著自己的目標一直堅持不懈的前進的人。他從小就對醫學很感興趣，長大後，就更加熱衷於醫藥的研究。他為了完成《本草綱目》，幾十年來奔走四方，跋山涉水，嚐遍百草。為完成這部著作，他不知流了多少汗水，經歷了多少辛苦，他還曾經因為親口嚐藥而差點中毒失去性命。他幾十年如一日，始終沒有放棄自己的夢想，最終著成了流芳百世的《本草綱目》。

李時珍的醫學之旅能取得成功，這得益於他的堅持。或許，我們應該承認他有某些方面的天分，可是如果他沒有經過自己長時間堅持不懈的努力就想獲得成功，這很顯然是不現實的！

愛因斯坦曾說過：「天才靠的是百分之九十九的汗水加上百分之一的靈感！」從他的話中我們也不難得出：只有堅持不懈的勤奮努力才能出人頭地這個道理！

一家公司的經理想幫助一位工作能力一直很穩定但又不願晉升的同事。他想盡一切辦法但就是收不到好的效果。

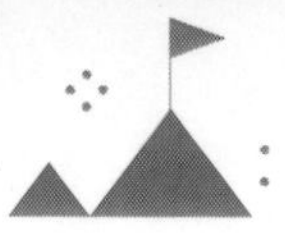

有一次，經理想更換自己以往所採用的方式，於是他便和那位同事聊了聊。聊的過程中，他問同事說：如果你的兒子國中畢業時打算繼續留在原來的學校，而不願進入高中繼續學習。因為他認為這樣他的學習成績就可以一直獨占鰲頭，也就不會因為不及格和落後他人這些事而擔憂了。你身為他的父親，是怎麼看待這件事的？他這樣做你會同意嗎？

他很乾脆的答道：那我當然不同意了，怎麼可以因為怕不及格和成績單不好看而留級呢？上學的目的並不在成績單，而在於不斷的學習與成長，考試與競爭的壓力正是幫助學習與成長的最好方法。我是不會同意小孩留級，這樣會害了他一輩子的。

經理在旁邊不斷的點頭微笑。最後話題一轉，提醒他說：那你也應該想想你自己的事了。你到了勇於接受挑戰、突破競爭的時候了，別再擔心無法達到目標，不要擔心在與同行競爭中落後。你現在的做法就像不願升學的小孩，無形中會受到巨大的損失。

這位下屬恍然大悟，果然接受了忠告，以最快的速度爭取了升遷，如同脫胎換骨一般。事實上每個人都會有擔心，目標定高了怕難以達到，職位晉升了怕在競爭中輸給別人。但是唯有接受挑戰與壓力才能不斷的突破與成長。

在人生的道路上我們需要不停的邁開大步向前走，不停的探索，不停的追求進步，勇往直前。任何人都不可能一生下來就說見過大海的浩瀚、大山的巍峨、大漠的廣闊和森林的神祕。所以我們才有了追求的目標，有了充實自我的需要，有了向更高的人生階段前進的願望。

要是我們把自己的目標和願望變成了現實，滿足了自己的需要，這就是一種光榮和幸福；就算我們失敗了，人生也會因為這一路在風雨中跋涉得經歷而變得豐富、充實。所以，勇往直前，不管成功與否，都是一種享受，都是一種幸福。要懂得，只有那些不問收穫，不計成敗，明知山有虎，偏向虎山行的人才是真正的勇士；那些不斷努力而沒成功的人也在譜寫生命、創造人生。和那些成功者們相比，他們因為失敗而得到了更多跋山涉水的機會，得到更多享受生命的機會，這難道不幸福嗎？

不論你面臨的是未知的坎坷還是已知的死亡，我們都不能將前進的步伐放慢或停下。即使你倒下了，也要及時爬起來，從哪裡跌倒，就從哪裡爬起來，繼續前進。如果獲得了成功，也不能驕傲自滿，那樣容易讓人停滯不前，偏離自己的最終目標，達不到你所期望的更高的人生境界。當你拋開了一切一直向著自己的目標走下去，自己的氣場也會充滿了強大的推力，給你前進的力量，助你實現最終的理想與目標。

勇敢的邁出前進的腳步，去探索人生的意義，需要勇氣，更需要毅力；需要下決心，更需要有恆心。堅持不懈，勇往直前，雖說有痛苦，但苦中有樂，樂在其中，是一種享受和幸福。

從現在開始，堅持不懈，勇往直前的朝著自己的夢想奮進，一份耕耘一份收穫！你付出了，自然就會得到收穫！沒必要向挫折低頭，也沒必要向困難屈服，不要因艱辛而後退。拚搏吧！帶著你永恆的心，帶著你堅強的毅力，踏著穩健的步伐向前方走去，直到最終抵達成功的彼岸。

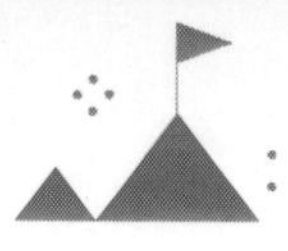

坦誠弱點和不足，完善自己

「金無足赤，人無完人。」世上找不到一個從來都不犯任何錯誤的人。既然錯誤是在所難免的，那麼可怕的並不是犯錯誤，而是明知有錯卻不思悔改。坦誠面對自己的弱點和錯誤，再拿出的足夠的勇氣去承認並吸取教訓，這樣不但可以彌補錯誤所帶來的不良後果，而且還能給上司和同事留下良好印象，讓我們有改過自新的機會，這就有了完善氣場的機會。

靖雯在一家公司做財務工作。在一次發放員工薪水的時候，她一時粗心，錯誤的給一位請過病假的員工發了全薪。

她發現這個錯誤之後，便匆匆找到那位員工，說必須糾正這項錯誤，請求她悄悄退回多發的薪水。可是靖雯的要求遭到對方的斷然拒絕，這位員工的意思是可以分期扣回她多領的薪水。雙方對此爭論不休，氣憤之餘，靖雯對那位員工說：「既然這樣，我只能請老闆幫忙了，我知道這樣做一定會使老闆大為不滿，但這一切混亂都是我的錯，我必須在老闆面前承認。」

就在那位員工還站在那裡發呆的時候，靖雯已大步走進了老闆的辦公室，她把事情的前因後果都告訴了老闆，並說這是她犯的錯誤，她願意負責。老闆聽後大發脾氣的說這應該是人事部門的錯誤，但靖雯重複的說這是她自己的錯誤，於是老闆又大聲的指責會計部門的疏忽，靖雯又解釋說不怪他們，的確是她自己的錯，但老闆又責怪起和靖雯同辦公室的另外兩個同事來，但靖雯還是固執的一再說是她自己的錯，並請求處罰。

最後老闆看著她說：「好吧，這是妳的錯，但那位錯領全薪的員工也太差勁了！」於是，這個錯誤解決了，並沒給其他任何人帶來麻煩。

此後，老闆更加看重靖雯了，因為她能夠有勇氣的知錯認錯，並且不尋找藉口推脫責任。

事實上，一個人有勇氣承認自己的錯誤，也可以獲得某種程度的滿足感，這不僅可以消除罪惡感和自我保護的嫌疑，而且有助於解決這項錯誤所製造的問題，也能讓當事人得到教訓，這不但不會減弱他的氣場魅力，反而會增強他的氣場魅力。卡內基告訴我們，即使傻瓜也會為自己的錯誤辯護，但能承認自己錯誤的人，就會獲得他人的尊重，而且令人有一種高貴可信的感覺。

喜歡聽人讚美，哪怕明知是虛偽的讚美，這是每個人的天性。忠言逆耳，當有人尤其是和自己平起平坐的同事對著自己狠狠數落一番時，不管那些批評多麼的正確，有些人還是會拂袖而去，連表面的禮貌也不會做，這實在令提意見的同事尷尬萬分。相信下一次就算你犯再大的錯誤，也沒有人敢勸告你了，這豈不是你最大的失誤？當我們錯了，就要敢於承認。這種勇氣不但能產生驚人的效果，而且比為自己爭辯還要有趣得多。

如果你總是害怕承認自己曾經犯下的錯誤，那麼，請接受以下這些建議：

第一，如果你的確必須向別人交代，與其替自己找藉口逃避責難，不如勇於認錯，對自己的行為負起一切責任。

第二，如果你在工作上出錯，要立即向上司彙報自己的失誤，這樣當然有可能會被大罵一頓。可是上司的心中卻會認為你是一個誠實的人，將來可能對你更加倚重，你所得到的可能比你失去

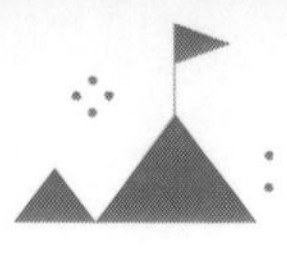

的還多。

第三，如果你所犯的錯誤可能會影響到其他同事的工作成績或進度時，無論同事是否已發現這些不利影響，都要趕在同事找你「興師問罪」之前主動向他道歉、解釋。千萬不要企圖自我辯護，推卸責任，否則只會火上澆油，令對方更感憤怒。

人生在世，誰能不犯錯誤。尤其是當你精神不佳，工作過重，承受太沉重的生活壓力時，偶爾不小心犯錯是很正常的事。吃一塹，長一智，只要你在犯錯後能從中意識到自己的錯誤，並認真改正，那麼你的氣場就會更加完善、更有魅力，這對你日後的升遷會大有助益。

學會反省，讓自己走上新臺階

松下幸之助是日本松下電器的創始人。他在松下公司成立五十週年紀念日的講話中說：「在過去的五十年裡，我們的路沒有錯，是成功的，而各位也非常熱心和努力。可是仔細研究這五十年的歷程時，的確還存在著很多不足，有的地方做得並不完善，也有的地方疏忽大意了。在今後的時間裡，我們就要消滅過去的錯誤，哪怕前進一步也好，希望我們松下人能在今天這個特殊的日子裡，好好反省。人們的生活離不開反省，沒有反省就沒有進步。」

很多成功學專家教導我們，在每天結束工作時，應該好好想想這些問題：今天我到底學到些什麼？我有什麼樣的改進？我對自己所做的一切是否滿意？這樣每天堅持反省，每天都根據自己的反省改進自己的工作，必然能夠如願實現自己的人生價值。

在古代，聖人們就常常進行自我反省，透過反省而提高自我意識。孔子的弟子曾子就是其中之一。「吾日三省吾身」就是曾子對自己反省行動的描述。他常常反省自己，一是自己對所承擔的工作是否忠於職守；二是自己與朋友在交往中是否信守諾言；三是反省自己是否學以致用。孔子認為曾子能夠繼承自己的事業，所以特別重點傳授學業於他。孔子也特別推崇自我反省，孔子曾經說過「什麼是最大的勇敢？透過自我反省，要是正義不在自己一方，即使對方是普通百姓，我也不恐嚇他們；透過自我反省，要是正義在自己一方，即使對方有千軍萬馬，我也勇往直前。」

善於自我反省的人，生活中處處都會找到提高自我的機會。古人云：見賢思齊，看到別人做得好，比如別人在某種場合下，對某件事的處理靈活而又恰當，顯示出了極強的應變能力。自我反省能力強的人，就會心想和人家相比我能達到人家的水準嗎？我為什麼會做不到，我要怎麼樣才可以做得到？這樣的話，自己的能力提高了，機會也就多了，心裡也更踏實。一位哲人曾經說過：「財富並不能使一個人踏實，唯有具備了賺取財富的能力，才會讓人踏實。」而透過自我反省這個修養，可以使人越來越踏實。

有一位為雇主除草的工人打電話給老闆傑西：「您好，請問您現在需要除草工嗎？」傑西回答他說：「不需要了，我已經找了一個工人。」工人說：「我不但會割草，還會拔除草叢裡的雜草。」傑西回答說：「我的工人已經做過了這項工作。」工人又說：「我還會幫助你把走廊與草地分開，讓你不會感到不適。」傑西又回答他說：「你說得不錯，可是我的工人也已把這項工作做得很好

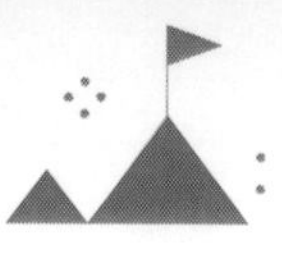

了。」於是，工人很滿意的掛斷了電話。這時，這位工人的一位夥伴問他：「你不就正在為傑西工作嗎？為什麼還要打電話給他呢？」工人回答說：「是的，我只是想知道老闆對我的評價到底怎麼樣，這是自我反省。」

讓我們想想，要是沒有自我反省精神的人會有勇氣向老闆提出這些問題嗎？我們再來看下面這則故事：

有一隻小鳥在忙於收拾家當準備搬家，卻遇到他的鄰居。牠的鄰居問：「你要往那裡去？」

小鳥答：「我要搬到東邊的樹林去。」

鄰居又問：「這裡住得蠻好的，為什麼要搬呢？」

小鳥就答：「你真的有所不知！這裡的人都討厭我的歌聲，說我唱得太難聽，所以我必須搬家。」

鄰居就答道：「其實你不用搬家，只要改變唱歌的聲音便可以。如果你不改變唱歌的聲音，就算你搬到東邊的樹林去，那裡的人也一樣會討厭你。」

這個故事告訴我們。人貴在自知，不要總是埋怨環境和別人，而是要經常反省，學會從自身找原因。正所謂「人貴自知」，如果一個人不懂得自我反省，無論他去到世界上任何一個地方，他都會犯同一個錯誤，最終只會落得精疲力竭，不知道自己應該要去往何處。

人只有透過不斷的反省才能發現自己的不足，進而讓自己內心的氣場不斷壯大，讓積極的氣場力量帶領我們前進，那麼，等待我們的就是燦爛的陽光和美好的生活。

克服人生缺點，清除人生的障礙

西方有這樣一句諺語：成功需萬事俱備，失敗則只需一因。不錯，如果一個人的優點很多，可是只要他有一個很大的毛病，就會讓人覺得很厭煩，別人也就很難接受他。沒人願意和他交往，他就不會有強大的氣場。

我們身上的每一個弱點和短處，比如猶豫不決、憂慮、嫉妒等，這些都會對我們的氣場產生影響，同時也影響著我們與其他人的氣場之間的能量交換。這些弱點和短處就是我們人生的缺點，要讓自己擁有更強大的氣場，那就必須克服人生的「缺點」。

第一，惡習

生活中，我們經常會在不知不覺中形成一定的行為習慣。而好的習慣當然能為我們的氣場提供動力，可是不好的習慣尤其是惡習（如懶惰、酗酒等），則會成為我們氣場的缺點。所以，我們應該將自己的習慣進行分類，改掉那些惡習，以免讓自己的人生毀在惡習之上。

第二，猶豫

所有成功人士共同的特質之一就是立即行動，而猶豫不決則成了很多失敗者的共同點。因為猶豫不決，所以他們總是懷疑自己目前的行為，讓自己始終都在處在猶豫之中。有時候，當他們看準

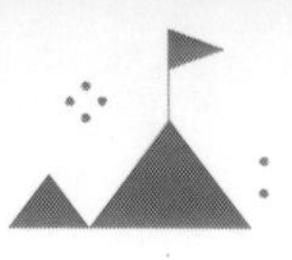

了一項事業後，當做到一半的時候又覺得還是另一個職業更為保險，所以就可能半途而廢。這種人也許可能會在較短的時間內取得一些成就，可是從長遠來看，他最終也是一個失敗者。因為那些遇事遲疑不決、優柔寡斷的人很難取得引人矚目的成就。

第三，犯錯

雖然人們常說失敗是成功之母。但是，在下面的這兩種情況下，犯錯誤就是一種缺陷：一種是在一個問題上經常犯錯誤，另一種是犯錯誤的頻率比別人高。這些錯誤之所以能出現，或許是因為態度的問題，或許是因為做事根本就不細心、也不負責任，可是無論哪種，都對我們的成功沒有什麼好處。所以，我們平時要學會控制自己，改掉那些馬虎大意等不良習慣；當犯錯之後就不要找藉口，而要吸取教訓並加以改正。

第四，憂慮

通常情況下，人們的精神壓力並不來自於眼前的現實，而是對過去所發生的事情的悔恨，同時還有對明天將要發生事情的憂慮。憂慮會讓我們的心情降到冰點，同時還會給我們的工作和學習製造出更大的壓力。而且憂慮對解決問題沒有任何正面的幫助。所以，我們需要控制自己的情緒，客觀的看待問題。

第五，妒忌

妒忌會讓我們做事的時候產生不理智、不積極的態度，這樣可能會導致事倍功半，甚至徒勞無功。所以，在日常交際中，我們都應該學會平和、寬容的對待他人。

第六，自卑

自卑會讓我們的自信心受到極大的挫傷，同時也能扼殺我們的氣場。所以，在做事情的時候，一定要相信自己的能力，可以在內心告訴自己「我能行」、「我是最棒的」，透過這樣鼓勵自己，才能把事情辦好，人生才能走向成功。

第七，虛榮

人人都有虛榮心，可是虛榮過度會讓人變得自負自大，整天只想聽一些讚美之辭，而對他人的正確意見和建議就可能聽不進去，這對我們的未來是不利的。所以，我們應該控制虛榮心，正確的認識自己。

此外，當我們在做事的時候，一旦遇到問題並不要一味硬做到底，應該找到導致問題產生的原因，將問題徹底解決。

在一家剛成立不久的電子商務公司中，採購和銷售是兩個獨立運行的部門。公司規定這兩個部門的資料每週都要進行兩次交流。可是，平時大家的業務都很繁忙，而且這兩個部門的員工也沒有及時進行交流溝通，所以總是出現這樣的情況：銷售人員認為商品有貨源，所以就接受了顧客的訂單，可是採購部卻不能在短時間內找到相應的貨源，這樣一來客戶就不能按時收到商品。所以，公司經常會接到客戶不滿的投訴電話，這對公司的業績和形象造成了嚴重的影響。

當總經理發現了這兩個部門缺少溝通這一個關鍵而又薄弱的環節之後，就在全公司每個員工的

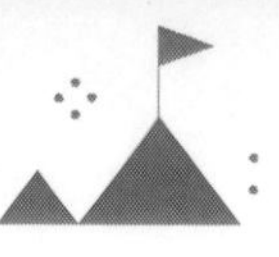

電腦上都安裝了即時通訊軟體，這樣就保證兩個部門員工的及時溝通；而且還建立了公司庫存與近期貨源一覽表，這就避免了有單無貨的現象。這樣做不但提升了顧客的滿意度，同時也提高了公司的業績。

如果上述的問題沒有及時解決的話，無論銷售人員再努力接訂單，那也對解決問題沒有任何實質性的幫助。因此，要抓住導致問題出現的癥結點，應該從根本上進行解決，這才能讓問題迎刃而解。

最大的敵人是自己

人和動物最根本的區別在於人會使用工具工作，而動物則不能。那麼，人類依靠什麼力量來製造工具和使用工具呢？同樣是人，為什麼會有成功與失敗的差別呢？其實，人的複雜性並不僅僅是說我們可以用工具工作。還在於我們能進行思考，思考怎樣去製造和使用工具，思考怎樣去改變自己的人生。

湯姆與強森是一對雙胞胎兄弟，湯姆比強森早一會兒出生，所以做了哥哥。他倆從小就生活在一個不幸的家庭之中，家境貧寒，而且父親是一個癮君子，還經常對母親拳腳相加。母親因為忍受不了如此的貧困家庭和殘暴的丈夫，於是倆人便離了婚，拋棄了他們的家庭和兩個孩子。

有一天，天還沒有亮，兩個孩子突然被一陣吵鬧聲驚醒。他倆偷偷從門縫裡看出去，只見他們的父親被幾個員警押上了車後便開走了。過了幾天，他們才從鄰居那裡得知，父親是因為沒錢去買毒品，便去打劫一家夜店，還殺死了夜店的一名員工，被判了終身監禁。

這時，他倆的年齡都還不到五歲，父親被監禁後他們就只好流落街頭，以乞討為生。十五歲那年，他們倆決定分開謀生，而且還互相發誓，當他們生活過得好了之後要再相聚。

結果，後來湯姆吃喝嫖賭，五毒俱全。因為策劃了一次搶劫，並且還殺死了所挾持的人質。而被判處終身監禁，完全走上了父親走過的路。

強森則完全與湯姆相反，他勤勤懇懇的工作，踏踏實實的做人，憑藉自己的辛苦努力，終於自學成才，考入了著名的賓夕法尼亞大學，最終也順利的拿到了畢業證書。畢業後，他成了一家電視臺的節目主持人，結婚生子，家庭生活幸福美滿。

這兩兄弟的人生竟然會有這麼大的差異，所以便引起了社會的關注。於是便有記者打算分別採訪這倆兄弟。結果，沒想到湯姆與強森都把自己的境遇歸咎於他們的父親。

湯姆認為，他從出生就開始受到了父親壞的一面的影響，而且還說：「雖然我當初和弟弟發誓要混出個人樣，可是事實證明我是不可能改變自己的命運的。我之所以會淪落到今天的處境，那是命運早已安排好了。」

強森則覺得自己之所以能過上好日子，就是因為他從小就知道不能靠父親，只能靠自己的努力才能改變命運。他說：「在和哥哥告別後，我又流浪了一段時間，在這段時間中，我一直在思考怎樣才能改變自己的命運。我相信只要努力就會有結果，也相信我的命運就掌握在我自己的手中。現

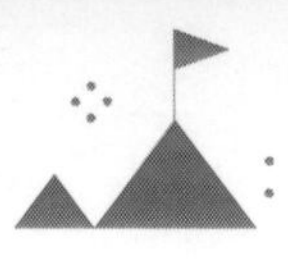

在我之所以能成功，就是因為我一直堅守這兩個信念。」

他們有著同樣的成長經歷，卻因為人生理念的不同而最終換來了不同的結果。

人的一生，只有認清自我才能讓自己獲得不斷前進的動力。其實，人最大的敵人並不是你人生中的對手，而是自己。即使你在財富、學歷、家庭背景和天賦等這些方面有著優越的條件，但是倘若不明白自己真正擅長什麼，沒有掌握適當的處世技巧的話，那最終也只能成為一個平庸之輩。我們都應該捫心自問的並不是「我懂得什麼」，或者「我是什麼人」，而是「我應該做什麼」或者「我能夠做什麼」。

貪欲不可有，它會讓你走向極端

人人都渴望自己的氣場能強大起來，從而就可以得到大家的認同。強大的氣場的確是需要一定的欲望。可是，無休止的欲望或者不切實際的欲望，也會給我們帶來災難和痛苦，也會讓我們的氣場走向極端。

其實，有很多人就是因為無盡的欲望而讓自己原有的氣場受到了破壞，甚至還有些人為了滿足自己的貪欲，不惜鋌而走險，結果做出了讓自己後悔不已的事。當人們的心中被那些好逸惡勞的念頭占據的時候，人們前進的腳步也會開始偏離軌道，直到釀成大錯，這時就是後悔也來不及了。

非洲的一個農村部落裡，有一群土著經常捕獲猴子作為食物。通常，他們會在一個樹洞裡放一個堅果，而這個樹洞的大小真是太巧妙了，只要猴子握住堅果，爪子就會被卡在樹洞的洞口上。只要樹洞裡有堅果，猴子就會將爪了伸進去抓取，可是抓了堅果爪子就無法從樹洞裡出來，而這時即使有生命危險，牠們也不肯放開手中的堅果，只好束手就擒。

雖然這個故事說的是猴子，可是我們能聯想到人類。倘若人有太多的欲望，那就會讓自己的氣場走向極端。控制不好自己的欲望，就會給自己帶來一定的傷害。倘若人成了欲望的奴隸，那就只能走向失敗，而不會走向成功。這正如一句話所說的，欲望就像海水，喝得越多，越是口渴。我們應該成為欲望的主人，要控制好自己的欲望而不是讓欲望來控制我們。

貪婪是萬萬不可的，因為它是一切禍亂的根源。所以，我們要切記，不論是做人還是處事，都不要太貪婪，不要讓自己的欲望像脫韁的野馬四處狂奔，而要將自己的心態放平，只有這樣才能輕鬆面對得與失的考驗，才能平靜的對待生命的每一次跌宕起伏。以平靜的心態去面對生活，讓自己的欲望保持適度，這樣才會為自己的氣場增添活力。

所以，在和他人相處的時候，不要時時刻刻都想著怎麼從他人身上占小便宜，否則就一定會遭到他人的鄙視；在我們拓展事業的時候，不要好高騖遠，倘若不懂得腳踏實地，不本著誠信的原則一步一個腳印進行擴張，那麼你的事業也不會長久。欲望是把雙刃劍，適當的欲望，會為你開闢前進的道路，助你一臂之力；過度的話就會給你的事業帶來麻煩。

從前，有一個非常奸詐狡猾的財主，眼看要過年了，可是他不想給僕人支付薪水，在這些僕人中，有一個已經連續很多年都沒拿到水了，可是，這個財主根本就不想給他一毛錢，但他還不想因

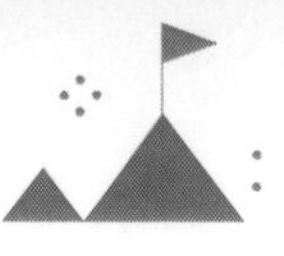

為這樣的舉動而損害自己的名譽，同時也不希望別人稱他為「吝嗇」的財主。於是，他便想了一個辦法，然後對這個僕人說：「明日天剛一亮，你就開始向前跑，只要能在日落之前繞一圈回到原點來，我就把你跑過的這些土地全部送給你。」

這個僕人很久以來都想方設法的要從地主那裡要回自己的工錢，只是一直苦於沒有可行的辦法，而聽到財主這樣一說，他就覺得有希望了，心裡特別高興，他想：這一回，我終於可以拿到工錢了。

於是，第二天一大早，他就按照財主的話開始了自己的圈地之旅。在跑的過程中，他發現財主的這片土地真廣闊，對此，他既痛恨財主的吝嗇，但又很羨慕財主衣食富足的生活，這時，他又開始思考了：只要我盡量多圈一些土地，我也就能過上像他一樣的幸福生活了。

他拚命向前跑，時間在一點點的流逝，而他所跑過的土地也越來越多，這讓他感到很激動，眼看太陽已經逐漸西沉了，他開始加快了腳步。後來，他簡直就像發了瘋的野獸似的在土地上狂奔。終於在太陽即將下山的那一刻，他繞完一大圈返回到原地，剛到就因為體力過度消耗而累死了。

這就是貪婪的下場。貪婪的結果始終都只是一個悲劇，所以我們不要像案例中的僕人一樣，貪心過度，那只會自食其果。

任何欲望的結果最終都只有兩種，那就是成功或失敗。所以，一個人的欲望能否實現，這就要看他是否具備成功的條件，如果超出了個人的條件那就是貪欲，貪欲過多，就會讓自己的氣場失衡，也會讓自己走向失敗。

七、著眼大目標，一百次心動不如一次行動

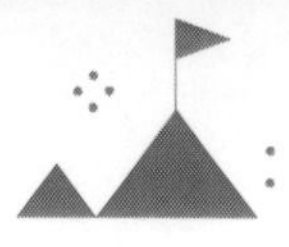

心動就要行動，在實踐中充實自我

有這樣兩個和尚，一個很貧窮，另一個很富有。

有一天，窮和尚對富和尚說：「我打算去一趟南海，你覺得怎麼樣呢？」

富和尚都不敢相信自己的耳朵，他再三向窮和尚確認，在得知不是自己聽錯的情況下，他認真的打量一番窮和尚，就忍不住大笑了起來。富和尚的舉動讓窮和尚感到莫名其妙，他便問富和尚：「怎麼了啊？」

富和尚說：「我不敢相信，你也想去南海？可是，你要憑藉什麼東西去南海啊？」

窮和尚說：「這還不簡單，一個水瓶、一個飯缽就足夠了。」

富和尚大笑，說：「南海離我們這裡太遠了，好幾千里路呢，路上的艱難險阻多得很，你可要想清楚了，這可不是鬧著玩的。我在幾年前就打算去南海呢。從那時起我就開始做準備了，等我準備好充足的糧食、醫藥和一些工具後，再買一條大船，然後再請幾個水手和保鏢。這些工作全做完了才算準備充分了，那時候才可以去南海。可是你看看你有什麼，就憑一個水瓶、一個飯缽，還想走那麼遠的路，不是我說你，你這真的就是痴心妄想，我勸你還是別做這個白日夢了吧。」

窮和尚聽了富和尚的這番話，不想再和他爭執。第二天一大早，窮和尚就隻身踏上了去南海的路。他遇到有水的地方就裝上一瓶水，遇到有人住的地方就去化緣，一路上嘗盡了各種艱難困苦，很多次，他都被餓暈、凍僵、摔倒。可是，他一點也沒想到過放棄，始終向著南海前進。

很快的，一年過去了，窮和尚終於到達了夢想的聖地：南海。

兩年後，窮和尚從南海歸來，還是帶著一個水瓶、一個飯缽。窮和尚由於在南海學習了許多知識，回到寺廟後成為一個德高望重的和尚了。而那個富和尚還在為去南海做各種準備工作呢。

人的思維決定他的行動，行動則又決定他能否獲取最終的成功。其實，在日常生活和工作中也是如此，如果一個人不善於採取行動，那麼他是很難有所作為的，充其量只能是一個空想主義者。

在現實生活中，至少存在兩種類型的人：一是天天沉浸於幻想之中，看不到一點行動痕跡的人；二是善於把想法落實到計畫中，成為一個敢於行動的人。你是哪一類人？憑你自己的經歷，你應該可以找到答案的。

但是，這個看似人人皆知的問題，在許多人身上並沒有得到足夠的重視，因為他們常常把失敗的原因歸咎於外部因素，而不是從自身找到失敗的病根。其中很重要的一條是：這些人常常是一名幻想大師，面對那些看不見、摸不著的東西時心動不已，總以為光憑自己的意願就能實現人生理想，就能過自己想過的日子，就能成為一個被人羨慕的人。現實中在我們身邊，那些天天抱頭空想自己未來的人，之所以沒有人生的進展，就在於他們都是「心動專家」，而不是「行動大師」。

有句話叫：「心想事成。」這句話本身沒有錯，但是很多人只把想法停留在空想的世界中，而不落實到具體的行動中，因此常常是竹籃了打水一場空。當然，也有一些人是想得多做得少，這種人只比那些純粹的「心動專家」要好一些，但通常他們也很難取得成功。

有句話說得好：「一百次的心動不如一次行動！」因為行動是一個敢於改變自我、拯救自我的

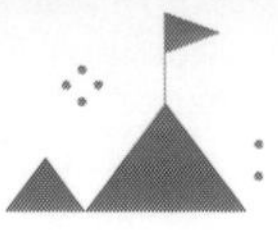

標誌，是一個人能力有多大的證明。光心想、光會說，都是虛的，不能看到一點實際的東西。一位科學家曾經說過這樣一句話：「一次行動足以顯示一個人的弱點和優點是什麼，能夠及時提醒此人找到人生的突破口。」毫無疑問，那些成大事者都是勤於行動和巧妙行動的大師。這樣的例子，我們可以舉出無數。在為人處世的道路上，我們需要的是：用行動來證明和兌現曾經心動過的夢想。

也許你早已經為自己的未來勾畫了一幅美好的藍圖，但是它同時也給你帶來煩惱，你感到自己遲遲不能將計畫付諸實施，你總是在尋找更好的機會，或者常常對自己說：留著明天再做。這些做法將極大的影響你的做事效率。

因此，要獲得成功，必須立刻開始行動。任何一個偉大的計畫，如果不去行動，就像只有設計圖而沒有蓋起來的房子一樣，只能是一個空中樓閣。

在競爭日益激烈的社會中生存，就要懂得心動不如行動。氣場是靠我們的行動來完善的。因為，心動只能讓你終日沉浸在幻想之中，而行動才能讓你最終走向成功。所以，做人一定不要僅是心動，還要採取果斷的行動。

不要自我設限，否則會限制能力的發揮

一個人的行為和命運其實都是氣場活動的結果。那些成功人士和普通人其實也沒有什麼太大的差別，而最大不同就是成功人士知道挖掘自己的潛在能量，從而讓自己時刻都保持著強大的氣場，

這樣就會贏得他人的信賴和支持，獲得巨大的財富和崇高的地位。

曾經有人說過，一個人唯一的限制，其實並不是來自別人的，而是自身的。只有自己才能擺脫自我設限。可是在生活中，總有一些人這樣認為：不可能，我的學歷低，那家待遇那麼高的公司怎麼能要我；我的表達能力不好，怎麼敢在會議上發言……生活中這樣的人並不是少數，他們由於意識不到自己所具備的巨大氣場能量，所以總是自我設限，這當然就很難成功了。

很多時候，並不是事情超出了我們的能力範圍，而是人們無法超越自己思想的限制，束縛了自己。

美國的一位學者曾經做過這樣一個實驗：他想測試一下跳蚤到底能跳多高。於是，他拿來一隻玻璃杯，將跳蚤放到裡面，結果跳蚤一下子就跳到了杯子外面。他又重複做了幾次，結果還是這樣的。接下來，他把跳蚤放進了玻璃杯，然後在杯口上蓋了一塊玻璃。這一次，跳蚤一跳就撞到了上面的玻璃。就這樣，又經過了反覆的幾次實驗，跳蚤逐漸降低了自己跳的高度，就不再撞到上面的玻璃了。

過了一段時間，這位學者又拿來一個矮一點的玻璃杯做同樣的實驗，由剛開始不加蓋的玻璃杯到後來蓋上玻璃，跳蚤也在不斷降低自己跳的高度。後來，玻璃杯越來越低，跳蚤已經習慣了不跳的生活了，每天靜靜的在玻璃杯裡來回爬行。到最後，上面的玻璃被去掉了，跳蚤竟跳不起來了。原來，長久的爬行，使牠已經喪失了跳的能力。

我們的生活中，其實也有很多人過著這樣的「跳蚤人生」。他們在年輕的時候意氣風發，渴望

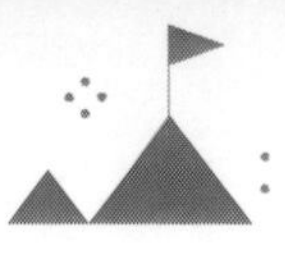

成功，可是事情沒有他們想像的那麼簡單，總會經歷失敗，而在幾次失敗之後，他們就開始懷疑自己的能力，開始抱怨社會不公平。對生活的熱情少了大半，對人生也多了一份憂慮，對自己的未來也感到很渺茫。漸漸的，他們的那種拚勁就會減弱，甚至消失。就像故事中的跳蚤一樣，原來的一切限制已經被取消，但多次的失敗消磨了牠們的勇氣，牠們已不敢再跳，或者已經習慣了，不想再跳了。

所以說，現實中那些因多次碰壁而不敢再追求成功的人，他們在困難面前不會從不同的角度去思考，只是一味的覺得自己處境困難。於是，便在自己心裡設置了一個高度，總是覺得自己無法超越這個心理紅線，因此，他們會一次次的降低自己的要求。在慣性思考和這種消極的潛意識影響下，新思路、新想法都不得不把他們拒之門外，於是那些原本可以抓住的成功機會也會被他們屢次放棄。

王東盟剛剛進了一家保險公司做電話推銷的工作。初來乍到的他，對自己的未來充滿了希望。可是，第一天打的第一通電話就給他潑了一頭冷水，他難以忘記。

當時，他充滿熱情的撥通了對方的電話，這是他的第一個客戶，可是萬萬沒想到的是對方聽了他的身分介紹後就非常生硬的打斷了他，不但拒絕了他的推銷，同時還將他罵了一頓，說自己身體很好，不需要什麼保險。

這次的失敗挫傷了王東盟，從此以後的電話推銷，他的心中就開始有了陰影，說話沒有任何立場，而且講解也變得吞吞吐吐，所以沒有人願意向他買保險。這樣一來他的心理陰影就越來越大了，甚至再也不願意去摸電話。

眼看工作都快一年時間了，可他竟然沒有簽成一份保單。於是他便覺得自己或許並不適合這份工作，因為他的口才不好，這就很難打動別人的，想到這些，他特別灰心。經理鼓勵他不要灰心，要給自己機會，沒有誰天生就能取得成功，當然也沒有人會總是失敗。

經理的話讓王東盟深受激勵，也讓他有種豁然開朗的感覺，於是，他鼓足勇氣，決定再試試看。他找到了一個自己曾經聯繫過卻被拒絕的客戶資料，透過仔細研究對方的需要之後，他選擇了一份比較適合對方的險種。當這些工作都準備妥當後，他撥通了對方的電話。結果，他的自信和真誠打動了客戶，對方和他簽了保單，買下了那份保險。

剛開始工作整整一年，他沒有簽下保單就是因為自我自我設限，不相信自己的能力，那就會讓自己的氣場消失，所以沒有成功也是理所當然的；而後來成功了，是因為有了勇氣，同時也了解了客戶的需求，所以成功了。

自我設限其實就是減弱自己的氣場能量，氣場的能量消失殆盡，還怎麼可能成功？為了自己的前途和未來，請鼓起勇氣相信自己，別讓自己整天生活在自我設限的天地之中。

讓我們在進取中強大

數學上有一道這樣的題目：在一個池塘裡，有一些浮萍，它們每天會增長一倍，如果三十天就

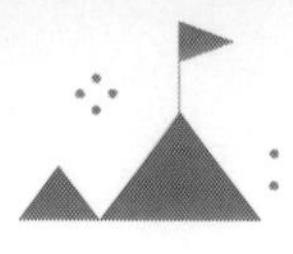

會長滿整個池塘，請問第二十八天的時候，池塘裡有多少浮萍？

這道題的答案應該從後往前推，答案為四分之一。站在池塘的對岸，也許你會覺得這個比例是很少的，但是第二十九天就會占整個池塘的一半，而第三十天就會長滿整個池塘。

每天進步一點點，就會產生無窮的威力！池塘裡的浮萍是這樣，而我們人類則更是這樣。倘若我們每天進步一點點，永遠都保持一顆奮進的心，那我們的氣場就會產生巨大的能量，從而會讓我們的人生發生翻天覆地的變化。

積極進取會給我們帶來很好的氣場。因為我們的不斷進取，會讓別人覺得我們的發展前途廣闊，自然就樂意和我們交往。一個人最終究竟是平庸之輩還是人中之龍，通常主要就取決於他是否有積極進取的精神。

你是否學習過《傷仲永》這篇課文？

它所講的就是在北宋的時候，有一個叫方仲永的人自幼天資聰明過人，五歲時就能寫出四句詩來。於是他的父親很高興，便拿兒子的詩去請教村中的老秀才。老秀才看完了方仲永的詩後，連聲叫好，說後生可畏。後來，有很多讀書人都慕名而來，出題考方仲永，而他也都能很快做出來，而且寫的詩思想積極、文采斐然。

就這樣一傳十，十傳百，方仲永很快就在他的家鄉出了名，同時他也成了整個縣裡婦孺皆知的名人，就連臨近各縣也知道有個「神童」叫方仲永。

方仲永出名後，人們就漸漸把方仲永父子當作賓客接待，許多有名望的學者和紳士都邀請方仲永去他們家做客，還有許多人拿著金錢和禮物專門來到方家進行拜訪，請方仲永寫作詩文，然後懸掛在自家客廳顯眼的地方。

方仲永的父親嘗到了他人送禮的甜頭，於是便不讓兒子繼續學習上進，而是天天帶著他四處向別人求討財物。年紀小小的方仲永，當然也抵擋不住外面的誘惑，便經常和父親出入於豪門之中。因為長期沒有學習，所以他的學問也沒有長進，那聰明的天分也漸漸泯滅了，所寫的那些詩總是那麼幾首，人們看多了，也就覺得沒有新意了。

從這個故事我們可以看出，一個人即使擁有再好的天分和再強大的氣場，也要懂得積極進取，如果不懂得給自己不斷的注入新能量，那麼這個強大氣場的能量就會逐漸減弱，就會萎縮，甚至消失殆盡。倘若一個人沒有了氣場，那他就不會獲得自己所渴望的成功。

氣場如果不在進取中強大，那麼就會在停滯不前中消亡。積極上進的心是氣場的支柱，也是成功人生的支柱。擁有一顆積極上進的心，我們才可能不斷的完善和提高自我。擁有一顆進取的心，我們奮發向上的動力就會更加充足。而如果我們忽視了進取之心的力量，在生活中隨波逐流，安於現狀，對自己大部分還沒有被開發利用的潛力無動於衷的話，那麼我們將來遇到的結局也就和方仲永沒有什麼兩樣。

進取是一種向上的精神，它能不斷的提升人的氣場和能力，從而讓一個人的人生走向輝煌。

眾所周知，娛樂圈是個新人輩出、喜新厭舊的地方，可是四大天王之一劉德華時至今日，依然是影視歌壇的超級巨星。這是什麼原因呢？

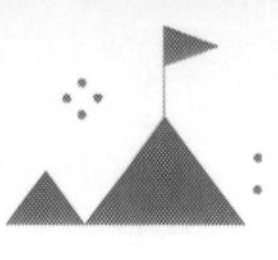

從唱歌來看，他沒有張學友那樣動人的歌喉和唱功；從舞蹈來看，他沒有郭富城那樣瀟灑帥氣的舞姿；從演技來看，他沒有梁朝偉那樣精湛的演技。而他之所以能有著輝煌的成就，紅遍亞洲三十多年，紅出了他的不老神話，這都是因為他一直沒有放棄努力，一直是用不懈的努力去挑戰極限，為了目標而進行奮鬥。他那不斷進取的精神就是他氣場的動力之源。劉德華以自己不斷奮進的精神感召力將千千萬萬的歌迷和影迷征服了，於是便創造出了自己的歌壇奇蹟。

人的氣場能夠不斷強大，就是因為進取之心的推動所造就的。進取心這種內在的推動力給了我們充足的動力，激勵我們為了更加美好的明天而不斷努力。

所以，為了自己的未來請努力吧！一旦我們受到進取之心的推動力的引導和驅使，就會讓自己的氣場更完美，讓自己的人生更完美。

畢馬龍效應

在古希臘的神話傳說中，有一位名叫畢馬龍的國王，他性情比較孤僻，喜歡一人獨居，但他特別喜愛藝術，很擅長雕刻。

有一次，畢馬龍用象牙雕刻了一座女神像，給它取名叫伽拉忒亞。這幅作品他感到非常滿意，所以總是愛不釋手，整天含情脈脈的注視著她。天長日久，伽拉忒亞竟然被他的愛所感動，神奇的活過來了，成了活生生的人，而且最後成了畢馬龍的妻子。

這就是我們常常所說的「畢馬龍效應」。它證明了信念的力量是特別驚人的，我們相信自己行，那自己就一定行。許多人總是在事業和學業上受到各種的挫折，就是因為他們沒有信念，他們遇到挫折就會習慣性的認為這是自身能力的不足而造成的，要不然就覺得是自己不夠努力，要不然就覺得時機還沒成熟，或覺得自己根本就做不了這件事情。在這種心態下，就會讓自己的氣場能量不足。

我們要塑造積極的氣場，就要在內心時刻提醒自己：我可以。當我們對自己充滿了強烈的信念時，即使做事遇到了失敗，那也不會受到挫敗感的影響，反而能從中吸取教訓，再接再厲。

如何做才能讓自己一直充滿自信呢？其實，自信就是重新進行自我認識。以常理來說，當一個人做成了一件事後，就會產生成就感，於是他的身上自然就會流露出自信，從而產生積極的氣場。可是如果一個人沒有那些外在好事的刺激，僅僅透過改變自身的認知，也可以讓自己的氣場變得積極，讓自己更加自信。

葛瑞絲是一名印第安族的小女孩兒，她總是認為自己長得不夠漂亮，因此，平日裡她總愛低頭走路，害怕別人看到她的臉。

有一天，葛瑞絲從學校旁邊的飾品店裡發現了一個粉紅色的髮夾，她很喜歡這個髮夾，再加上營業員不停的誇讚說葛瑞絲戴上這個髮夾會很漂亮的。雖然葛瑞絲心中還有點不信，但是被人誇獎漂亮的確讓她感到很興奮。

於是她便買下了這個髮夾，而且戴在了自己頭上。可能真的覺得自己戴上髮夾比較漂亮吧，所

以葛瑞絲走在路上便不由得昂起了頭，被一位報童撞了一下都沒有在意。

當她剛剛走進教室，就迎面碰上了他們的地理老師，「葛瑞絲，妳抬起頭來可真美啊！」老師很高興的對她說。不一會兒，葛瑞絲已經得到好幾個人的讚美了。她想，這一定是今天這個漂亮髮夾所起的作用吧，可是一照鏡子才發現，原來她頭上的那個髮夾已經不在了。

葛瑞絲一開始就是因為太消極，沒有自信，覺得自己不漂亮。可是後來別人的讚美證明，其實她也是挺漂亮的。只是由於當初的那種消極心理讓她沒有發現自己的漂亮罷了。

生活中的一些人長期生活在自卑的陰影裡，所以就沒有成就感，當然也就很難建立自信，在這種情形下，他的認知始終都是很悲觀的，所以他們想要改變自己的心態，也不容易。因為一直有消極的心理暗示，所以就會在改變自己心態的時候受到心靈的阻力。這個時候，我們就應該學會不斷嘗試。去嘗試一些新的事情，比如自己不敢去做，或者看上去覺得自己能力不夠的事情。勇於嘗試就能讓我們的信心更強大。

李開復在剛剛加盟微軟公司的時候，和自己的同事進行一般的溝通都是沒有問題的，可是到了總裁比爾蓋茲面前，他每次都感到心情緊張，總是擔心自己可能會說錯話。

有一次公司要推行改組的政策，比爾蓋茲召集了十多個高階主管開會，要求大家都要發言。李開復聽了心情非常緊張，但他當時又轉念一想，既然規定了每個人都要講，那我還不如把自己的心裡話都講出來。於是，他就鼓足勇氣說：「在微軟，員工的智商是一流的，這毋庸質疑，但是效率卻是最差的，因為整天改組，這樣做毫不顧及員工的感受和想法。而在別的公司，員工的智商都是相加的關係，可是我們卻因整天陷在改組的鬥爭中，所以員工的智商其實就是相減的關係……」

李開復發表完自己的意見之後，整個會議全鴉雀無聲。會議之後，有不少同事都給李開復發郵件說：「你講得很好，我也特別希望自己能像你這麼講！」結果，李開復的話的確起了作用了，正是有了他的這番心裡話，所以比爾蓋茲便做出了一個很大膽的決定，要對公司進行一次很全面的調整。

李開覆沒有想到，他在不經意間說的這些話竟然能讓比爾蓋茲做出如此之大的決定。於是，以後的各種發言，李開復再也不懼怕了，他開始變得更加自信起來。

李開復更加自信了，那麼他的氣場也就更強了，所以，他的事業總是不斷上升。

當我們有了自信，那就會給自己形成積極的氣場，在積極氣場的推動下，會對自己和他人都產生積極的影響，從而讓自己不斷進步。

告別過度謹慎，學會適當冒險

我們都很羨慕那些取得成功的人，總是覺得他們的能力很強。其實成功的人與失敗的人的區別並不在於能力的強弱，在一定程度上而言，這決定於他們是否具有適當的冒險精神和採取行動的勇氣。因為冒險精神和勇氣能撐起我們的氣場，從而讓更多的人敬佩我們。

冒險是一種探索和追求的精神，是一種敢於拚搏的精神，其實它也是一種難能可貴的上進心。

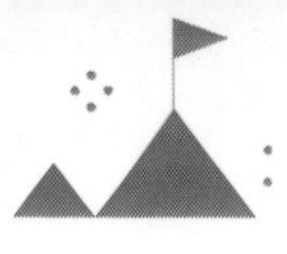

那些敢於冒險的人，通常在關鍵時刻會一躍而起，拿出驚人的成績，讓旁人充滿了敬佩的目光，讓自己成為氣場十足的人；而那些不敢冒險的人則總是追求穩定、追求小心翼翼，事情過後才慨嘆機會稍縱即逝。可是，那時再來感嘆又有什麼用呢？因為缺乏勇氣和魄力，所以這類人總是庸庸碌碌、無所作為，自然也就沒有什麼魅力可言了。

英國的著名劇作家蕭伯納有句名言：「對於害怕危險的人，這個世界總是危險的。」社會就是一個大舞臺，每個人都想在這個舞臺上表演出成功的自己。但是，很多人也都有著懶惰的天性，他們總是希望自己能面對同樣的狀況，能用同樣的方式去處理問題，這已經成了他們的習慣，他們就是想透過這樣重複的量的累積，來達到自我超越。就算他們會產生冒險的想法，最終也會因為怕麻煩和風險而沒有付諸實施。

事實上，那些氣場十足的商賈名流並不一定就比我們普通人聰明，他們的學識也不一定就比普通人多。而他們做出了驚人的成績，成了令人矚目的對象，這是因為他們所擁有的冒險精神比別人多。

冒險精神並不是天生的，也不是一塵不變的，而是在後天逐漸培養出來的。所以，人們應該去培養這樣一種精神。特別是對於年輕人來講，沒有一定的冒險精神，怎麼能開創事業上的飛躍。所以，對於年輕人而言，應該學會去承擔風險，透過長期的培養，就能讓自己成為很好的創業者，否則總是墨守成規，總是做別人做過的事情而不嘗試新的東西，這樣就可能永遠做不出傲人的成績。

藍山資本是一家全球著名的對沖基金公司，它的創始人唐越認為，如果一個人要進行創業，那就必須具有冒險精神：「我喜歡的企業家首先要有冒險精神。」這是他一貫的觀點，因為他覺得「新投資行為本身就有很大的風險，但好在我們習慣於這種不確定性的環境，也喜歡這種不確定性，這就是我們的興趣。」

美國著名的盲聾作家、教育家海倫．凱勒有這樣的座右銘：「人生要是不能大膽的冒險，便一無所獲。」百度搜索的創始人李彥宏在回顧自己的創業歷程時，說了這樣一段話：「若想創業，就不要害怕失敗，如果你害怕失敗，那幾乎就不可能成功，假如有十個創業公司，那其中就可能有九個都會因為害怕失敗而最終會倒閉。」李彥宏對冒險這一點有清醒的認識，所以，他才敢去冒風險。如果最後沒有成功，那就跟不做並沒有什麼太大的區別，因為如果不做的話，同樣是不會成功的。

生活中，我們缺少的並不是走向成功的機會，而是冒險的勇氣。很多人在面對機遇的時候因為不敢冒險，所以最後沒有抓住機會。其實一個人的才華和能力就像那些成功的企業家一樣，都是透過冒險和努力而鍛練並展示出來的。那些安於現狀、不求上進、沒有危機感、不願進行競爭和拚搏的人，若想體驗到勝利的喜悅那將是很困難的。

冒險並不是魯莽的代名詞，而是一種智慧，是一種敢於突破自我的偉大精神，我們要培養自己的冒險精神，當然也一定要懂得適當冒險的意義，這樣才能讓自己顯得更有魄力和智慧，讓自己的氣場更為十足，更為引人注目。

學會適當冒險，突破自我束縛，我們也能做到一鳴驚人，也能為自己的氣場鍍金，讓自己備

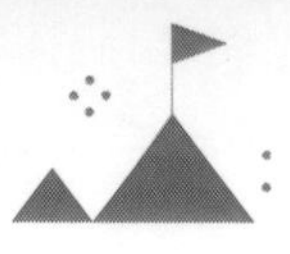

受關注。

遇到問題找辦法，不要抱怨

很多人在遇到一些不順心的事情時，就會產生各種抱怨，抱怨這個抱怨那個。其實抱怨的做法並沒有什麼好處，因為它一來不能解決我們所面臨的問題，另一方面也會影響到我們的個人魅力，削弱我們的氣場。

想要保持我們的個人魅力，那就要在遇到問題的時候不抱怨，要去想該如何解決問題。既然問題已經出現了，那我們就不要驚慌，不要膽怯，也不要逃避，而要學會去面對。「人生不如意之事十有八九」，在遇到不如意的事時一味抱怨，怨天尤人的人，不知道去想辦法解決問題，所以整天就可能生活在陰影之中；而有的人當遇到不順時，既不煩躁也不抱怨，而是以冷靜的頭腦去對待問題，積極的去想該如何如解決問題，他們所作的就是努力的改變現狀。

著名電視主持人王小丫曾經有過這樣一次經歷：

在一次大型的律師辯論賽中，王小丫準備去採訪一位著名的律師。當走到這位律師面前，王小丫便很自然的坐了下去，可是她沒想到椅子沒擺好，結果她一下子就坐到了地上，這讓全場哄堂大笑。

最讓她受不了的是她所要採訪的那位律師不但沒有伸出手去扶她一把，而且還在她的身旁哈哈大笑，並且笑得聲音很響。這樣王小丫的確非常尷尬。但是也沒辦法，既然是自己摔倒了那就要自己爬起來。

起來後她調侃著說：「我摔得太漂亮了，下次摔跤我一定要注意姿勢。」接著，她若無其事的笑著，開始了自己的採訪工作。

王小丫遇事冷靜、泰然自若的表現的確很讓人佩服。我們可以想想，如果王小丫摔倒了，她心裡就一直抱怨：誰負責放椅子的也不知道要放好？這是誰的責任？當她看到律師沒出手扶她，而且自己又被大家看了笑話，倘若這時她又開始抱怨，這次訪談節目的品質自然將無法保證到最好。倘若是這樣的話，王小丫的個人魅力就會在人眾面前大打折扣。

我們不是名人，但我們同樣也有自己的交際圈，我們也需要得到他人的認可。所以，當我們在工作和生活中遇到那些不順心的事情時，要先冷靜下來，進行仔細的考慮：可以想想，為什麼會出現這種情況？接下來該怎樣去解決才能恰到好處？而不要一遇到有什麼不順心的事就開始不停的抱怨，否則，時間長了就會養成不良的習慣。

當我們和同事之間出現了分歧或者自己的心情煩躁時，一定要牢記不要一味的抱怨。要讓自己冷靜下來，想想該怎樣處理好這個問題。而不能一上來的時候還有幾分熱度，可是當找不到解決方案時就開始抱怨。這樣只會將所面臨的問題變得越來越複雜，越來越難處理。最終就可能出現原來的問題還沒有處理好，新的問題就又產生了。

冷靜在處事的過程中是首要的。冷靜出成果，冷靜出成果，我們要把冷靜時刻放在自己的心

上，應該學會帶著問題去解決問題，把所要解決的問題處理徹底，而不能拿著問題又生出問題來。

事實上，人與人之間必然會存在很多問題與矛盾，在通常情況下，很多事情的惡化都和我們自己的處理方式不冷靜有很大的關係。面對再危險的事，再陰險惡毒的人，倘若我們能夠很冷靜的去處理問題，那麼就能在很大程度上做到化險為夷，轉危為安。

相反，倘若我們以急躁和抱怨的態度去處世的話，這就可能會為對方製造出攻擊的機會，即使我們當時有條件能夠戰勝困難，都可能因盲目衝動而讓自己處在非常被動的狀態之中，這就可能給自己的人生旅途帶來很大的阻力和障礙。

如果我們遇到不順的事情就抱怨，這就會讓別人覺得我們缺乏解決問題的能力，於是就影響到了我們的個人魅力，削弱我們的氣場。總之，遇到事情要先讓自己冷靜下來，想清楚事情的來龍去脈和處理措施，然後去解決問題，這才是積極尋找解決問題的辦法，這樣做才是正確的方法，才能利用一切可以利用的資源，才能為自己的魅力開路，建立讓人敬佩的氣場。

創造力，散發與眾不同的魅力

當今社會，創新是一個人應該具備的素養，同時它也是提升一個人氣場的祕訣。那些懂得創新並且善於將自己的創新應用於實踐的人，往往都對事物有自己獨到的看法和令人刮目相看的改造力，可以給人們帶來出人意料的好結果，從而讓他的氣場散發出與眾不同的個人魅力。

創新需要我們進行獨立思考、不步人後塵，當然這並不是說創新追求的就是不傾聽別人的意見、孤芳自賞、固執己見。創新精神主要提倡要大膽、要不怕犯錯誤，當然並不是鼓勵犯錯誤；創新精神提倡的是不迷信書本和權威，當然也不反對學習前人的經驗，事實上，任何創新都是在前人成就的基礎上進行的；創新精神標榜我們要學會大膽質疑，而質疑就需要有事實和思考的依據，它並不是空穴來風。

要做一個具有創新精神的人，就需要培養自己的創造力，從而創造一些讓人驚豔的成績，這就可能讓我們成為下一個備受矚目的人。那麼，應該如何培養創造力呢？

第一，要勤於鑽研

創造力需要靈感，而靈感也不是說來就來的，它的出現需要以深厚的知識功底為基礎，沒有豐富的知識累積，靈感是很難產生的。當人們運用自己累積的這些知識時，人的智慧活用特質也會表現出來，從而就可以解決更為廣泛的問題。比如，當一塊大石頭擋住了我們的去路時，有的人馬上就會想到用鐵撬把大石頭搬走。而在另一種場合，如汽車陷入到泥土裡，我們同樣也能想到鐵撬，甚至也可能由此而發明新式起重機。

所以，富有創造力的靈感只會光顧那些勤於鑽研的人，這就像機會只會光顧有準備的人是一個道理。勤於鑽研的人必定會展現出自己的磁場，從而吸引很多人關注的目光。

偉大的物理學家牛頓在少年時期就有懷有很強的好奇心，那個時候，他常常看夜空中的星星和月亮。經過觀察，他就產生了一些問題：星星和月亮為什麼會掛在天上而掉不下來？它們都在天空

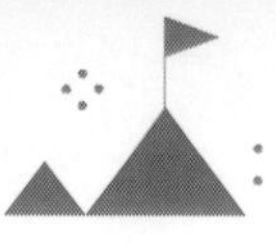

運轉著，那為什麼不相撞呢？這些疑問讓他充滿了好奇心。後來，經過不斷的專心研究，他終於發現了著名的萬有引力定律。

牛頓看到了現象而提出問題，這說明了他對問題進行了思考。倘若只是提出了問題而自己卻不去鑽研，那最終就只能空手而歸，那麼牛頓就不可能成為人們所熟悉的偉大物理學家，他也就不可能對物理學做出如此傑出的貢獻。

鑽研的精神不但包含著強烈的求知慾，也包含著追根究底的探索精神，若想在自己的事業上獲取成功，就必須有勤奮鑽研的精神。

第二，要有創新的欲望

創新要有很強烈的欲望，否則創新活動便不能進行。

電話的發明者貝爾在少年時代，他的智力表現非常普通，而且還很貪玩，可是後來他受到了祖父的薰陶，對知識產生了強烈的欲望，而且對發明創造也產生了濃厚的興趣。所以，在他少年時代就設計了一種比較輕快的水磨。

這就說明，創新的欲望和對創新的不懈追求是創新成功的重要條件。這就像愛因斯坦所說的那樣：「我沒有特別的天賦，只有強烈的好奇心。」

第三，要有頑強的意志

任何一個領域，若想做出成績，都必須有良好的意志品質和拚搏精神。否則，自己的想法只能成為海市蜃樓。歌德說過：「沒有勇氣一切就完了。」良好的意志品質的表現是這樣的：它能讓人們具有堅持到底的頑強毅力，同時能讓人們辨明方向、看清利弊之後當機立斷，排除各種干擾，面對挫折不回頭，面對成績不忘乎所以。

第四，要標新立異

創新本身就是對事物原有框架的突破與發展，否則便不稱其為創新。對大多數人來說，由於會受到傳統思想觀念的束縛，所以就很容易產生一種思考慣性，而一旦他人產生了超乎常規的想法和做法時，就可能會多加指責。若想做出成績，關鍵就是要能打破慣性思維、要有標新立異的思想。

曾經有兩個推銷人員去一個島嶼上進行市場考察，他們是兩家不同鞋廠的人，想看看這裡有沒有市場。結果，一個推銷員到了島上之後，眼前所看到的情況讓他大吃一驚——這個島上的每個人都赤腳。這一下子挫敗了他的信心，因為卒倒的人都不穿鞋的，那還怎麼去推銷鞋呢？於是他馬上給公司發電報回去，說不要向這裡運貨了，因為這個島上根本就沒有銷路，人人都不穿鞋。

另外一個鞋廠的推銷員看到這裡的人都赤腳的情況之後，簡直太高興了，在他看來，正因為沒半個穿鞋的，所以，就有很大的銷售市場。因為每一個人都不穿鞋啊，就單單以每個人穿一雙鞋來進行計算的話，那都要售出一大批鞋呢！於是，他馬上給公司發電報，說空運一大批鞋過來。

可見對於同樣一個問題，我們所用的思維不同，那麼也就能得出不同的結論，而創新，需要的是第二位推銷員這樣的思路。

創新是一個國家和民族進步的靈魂，也是開創事業的必備法寶。在人生路上，善於創新，就能在激烈的競爭中處於優勢，就能讓為自己的氣場累積能量，從而不斷推動自己人生之船駛向遠方。

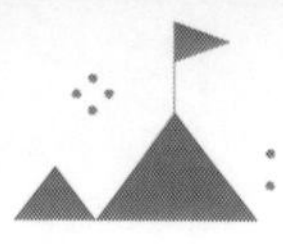

以身作則，成為周圍人的榜樣

榜樣就是我們需要學習的模範人物，他們都在各自的職位上做出了突出的貢獻，成為大家學習的楷模。社會上有各種各樣值得我們學習的榜樣，他們都在不知不覺中成了我們心目中神聖的高峰。成為榜樣的人，是因為他們的積極氣場吸引和感染了周圍的人，人們希望透過向他們學習也能將自己的氣場得到提高。

我們身邊的榜樣很多，比如，老師是學生的榜樣，家長是孩子的榜樣，優秀的企業是其他企業的榜樣，只有當自己的影響力達到了一定的程度這才能成為榜樣，榜樣是很好的標竿和楷模。

榜樣對我們來說是一種積極向上的力量，是一面鏡子。他們因為以身作則的高尚品質而被人敬佩、關注和學習，這是他們的氣場所發揮的作用。他們的氣場能帶給人們一種根植於人性的精神力量，讓人們得到了抗拒平庸、立志進取的力量，在他們的氣場吸引和感染他人的同時，這也讓他們自身產生了一種獨特的人格魅力。

倘若我們見到了自己的偶像或榜樣，我們的崇拜和敬佩之情一定溢於言表，一定會感覺自己眼前的榜樣是那樣的高大，那樣的有魅力。倘若我們也想成為別人敬佩和崇拜的對象，那麼，除了需要給自己尋找一個榜樣來提醒自己，讓自己變得更優秀之外，還不能忘記要以身作則，專心做好自己的事，從實際行動中讓自己變得優秀，成為值得身邊人學習的榜樣。

倘若我們對自己的工作保持全身心的投入的話，即便是能力一般的人，也可以取得好成績，也能成為身邊人的榜樣。

富蘭克林說：「來到這個世界上，做任何事情都要全力以赴。」如果我們這樣做了，那麼即使是最卑微的職業，我們也能從中得到快樂和滿足的體驗。其實就是再卑微的職業，也可以找到我們學習和借鑑的榜樣。

我們做任何事都需要勤奮實做的作風。對於補鞋的工作來說，有的人把它當作藝術，於是他們能全身心的投入，無論是打一個補丁還是換一個鞋底，他們都會一針一線的精心縫補。而另外一些人就會有截然相反的態度，即便是簡單的打一個補丁，他們也根本不注意外觀，就像是例行公事一樣，對自己的工作沒有熱情，更不會去關心工作的品質。

前一種人熱愛自己的工作，他們並不是總計較著一天可以修多少雙鞋，而是希望自己所修好的每一雙鞋都能讓顧客感到滿意，讓自己的技術水準更加精湛，讓自己成為當地最好的補鞋匠。他們這種勤奮實幹、對工作認真的態度是值得我們學習的。要做好事情，就應該有勤奮實幹的精神，也只有這樣才能把事情做得更好，才可能讓自己的氣場發揮出積極的作用，讓自己成為別人心中的榜樣。

有這樣一句話：「在生活中榜樣並不是什麼重要的事情，但那卻是唯一的事情。」當我們為別人樹立學習的榜樣時，也不要忘記自身的發展，自己也一定要沿著榜樣的路進行不斷學習和改正。我們可以按照下面的幾種技巧去做：

倘若教育他人要懂得去愛別人，那我們自己首先要學會愛別人和關心別人。

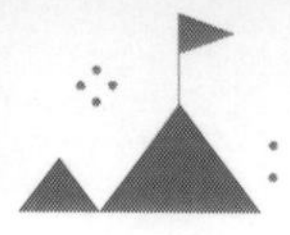

倘若告誡他人要保持家庭和諧，那我們先讓自己的家庭充滿和諧。

倘若教育他人要有責任心，那我們自己就先要做個有責任心的人。

倘若教育孩子要學會善良、踏實、認真、堅韌不拔、樂觀的態度，那麼我們自己就先應該做這樣的人，只有我們以身作則才能成為別人的榜樣，才能維護我們的氣場。

八、為自己創造更廣闊的職業發展空間

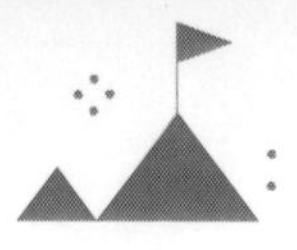

職場升遷的密碼

身在職場，只有擁有積極的氣場，才會讓自己充滿熱情；只有當我們充滿熱情的進行工作時，這才會在最短的時間內將自己的職場競爭力提高到新的水準。同時也能在推動企業發展的同時，不斷體現我們的人生價值。

當初，李開復在蘋果公司工作的時候，公司有一次要進行裁員。而且李開復是這次裁員的執行人員，公司要求他 必須從兩位業績不佳的人中裁掉一位。

其中的一位是李開復在卡內基．梅隆大學時的師兄。這位師兄當年在學校的時候，表現特別優秀，可是他在蘋果公司並沒有很努力，也沒有顯著的成績可言。當他得知自己面臨被裁的危險時，便跑來懇求李開復網開一面，而且還一度請求導師來幫他說情。

而另一位則是一名剛進入公司才兩個月的新員工，雖然他目前還沒什麼業績，但是有很大的潛力，對於工作充滿了熱情。經過一段時間的培養，表現肯定會不錯的。

最終，經過了深思熟慮，李開復決定裁掉自己的師兄。因為他認為，從經驗和熱情這兩個方面來看，熱情對公司的長遠發展更有利。

李開復的觀點很正確，如果對工作沒有熱情，做事就可能會應付差事，做一天和尚撞一天鐘，這對公司而言沒有好處，其實對自己來說也沒有好處，大好時光就白白浪費了。

而有的人覺得，只要自己多做事，勤快一點就能獲得上司的青睞，所以，他們便總是把「多做事」當成自己工作的準則。事實上，很多時候老闆看重的並不是你做了多少事，也不是做事情花了多少時間。他們主要看的就是你有沒有將他最關心的、他認為最重要的事情做好！倘若你花了大量的時間和精力去做事，可是這些事並不是上司所關心的，那對你來說就相當於減少了一次機會，無法讓平日的工作獲得最佳效益。同時，這種做法會為你和上司帶來更多壓力，也會讓上司對你的能力產生懷疑。

所以，我們應該時刻都要搞清楚這些問題：什麼事情是最重要的？達到這種程度是否已經足夠好了？這個專案還需要投入更多的時間和精力嗎？

倘若上司對你的工作沒有感到滿意，很重要的一部分原因與你沒有將重要工作做好有關。所以，你應該首先搞清楚的就是知道重要工作是什麼？然後再全身心的投入到工作中去。

那麼，究竟你該怎麼做，才能找出上司關心的重要工作呢？

第一，在接受工作時向老闆諮詢

剛剛接手新的工作任務時，我們就應該請上司描述一下該工作需要做些什麼，員工應該有什麼樣的表現，這項工作對員工的能力等方面有沒有專業的要求等等，我們要時刻要明白上司需要什麼及有何期望。知道了這些我們就能專心做好上司要我們做的事。

第二，熟悉上司的性格

比如，不同的上司在接受下屬意見時會有不同的喜好。有人喜歡白紙黑字的書面報告，而有人則覺得簡短的口頭報告即可。有的上司要求下屬自動自發，只要下屬自己做決定來完成任務即可；

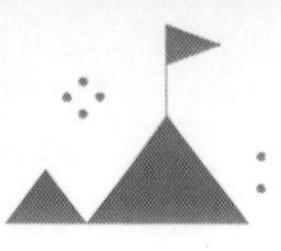

也有的上司則要求下屬定時向他報告，凡事都要以他的意見為準。倘若你能做到一言一行都讓上司感到滿意，那麼，想要升遷還不容易嗎？

第三，做上司的好助手

比如，上司可能會經常找不到自己需要的文件，你應該將他的文件做一個系統的整理和歸類。如果他對待某客戶的態度可能有所不當，你就可以得體的代他把和客戶的關係緩和。倘若他最討厭做每月一次的市場報告，那你不妨代勞做做。這樣的話，上司就會覺得你的確是他的好助手後，這就為你自己事業的發展增加了一份保障。

第四，養成溝通的習慣

其實這種技巧是很微妙的，向上司進行彙報，那就要簡潔、有力的報告，不要讓那些淺顯和瑣碎的問題浪費他的時間，當然重要的事必須向上司進行請示。

同時，我們提倡與上司和諧相處，當然也要把握尺度，不能越位，否則，自己的所有努力都可能付之東流。

對於上級來說，他們應該依據法律或公司規章所賦予的職責和許可權進行工作。而處在中層的主管，則需要圍繞上級去實現目標。上級和下級都有各自的工作任務，上級人員不要去做中層主管人員的事；下級主管也不要去做上級上司的事，以防出現越權或擅權的事情。

總而言之，身在職場，一個人的魅力不是僅僅從一個方面就能體現出來的，而是從多方面綜合體現出來的，其氣場氛圍不單單是熱情，工作也要做得出色，要讀懂上司，領會上司的意圖，這才是我們升遷的密碼。

融入優秀團隊，接受良性輻射

為什麼說要融入優秀的團隊？因為優秀的團隊能給每個成員提供一個良好的氛圍，能讓每個人都顯示出高漲的士氣，能激發成員對於工作的主動性，讓每個成員都形成強烈的集體意識和團結友愛的精神，在促進團隊整體前進的同時也能促使成員不斷前進。

優秀團隊往往有著深厚的文化底蘊，可以散發出一種強大而獨特的氣場。優秀的團隊文化往往是這個團隊可以戰勝對手的前提，這也是一支團隊可以屢屢取勝的主要原因。

若想讓自己的個人氣場得到提升，我們就應該學會融入優秀團隊，感受那種積極的氛圍和文化底蘊，學會依靠團隊的力量來提升自己。具體而言，可以按照以下這些方面去做：

第一，與團隊中比自己優秀的人多交流

有句話是這樣說的：「你是誰並不重要，重要的是你和誰在一起。」、「孟母三遷」的故事就足以說明和誰在一起很重要。也許你可能會覺得這是誇大事實，其實並不是。這個有時甚至能改變你的成長軌跡，決定你的人生成敗。

亞瑟·華卡是一名美國的銀行家，他小時候一次經歷促成了他未來事業成功。

有一次，華卡看到了一篇關於大實業家威廉·亞斯達的故事，他對亞斯達非常崇敬，也非常希

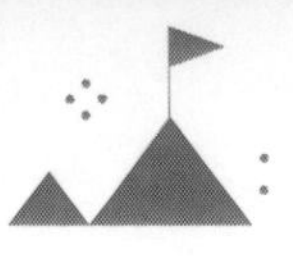

望能見到他，而且希望自己能成為他那樣的人。

終於有一天，華卡有機會見到了亞斯達。當他問亞斯達有什麼賺錢的祕訣時，亞斯達說：「只要你能多結交比自己更優秀的人，就會有成功的那一天。」這句話給華卡留下了深刻的印象，從此以後，他一直把這句話作為自己的座右銘去實踐。經過了將近五年的時間，華卡的夢想終於如願以償的實現了，他成為有名的銀行家。

後來，一些年輕人向華卡請教成功的經驗，華卡說：「我希望你能經常向比你優秀的人學習，這對做學問或做人是非常有益的。」

說的不錯，華卡的做法非常值得我們借鑑。和優秀的人在一起，融入優秀的團隊，這就是為了讓我們感受強氣場的影響和薰陶，從而更好的提升自我。

第二，抓住機會，更上一層樓

其實很多時候，當我們不注意的時候，其實成功的大門已經向我們打開了，這也許只是瞬間的事情，所以許多人都會在無意之中錯過。而總有人能敏銳的看到這扇大門的敞開，於是就抓住機會邁進了門裡，結果他就變成讓人羨慕的成功者了。

汪城海從大學畢業後來到了一家公司做文書，有一次公司舉辦了一場聯歡會，結果正是這次聯歡會讓他脫穎而出。

聯歡會中，總經理邀請員工和他一起唱歌，可是底下的人都因膽怯而不敢上臺，而汪城海卻大膽的上了臺。其實汪城海的歌聲並沒有任何突出的地方，在有的同事眼裡，這就相當於自取其辱。

汪城海上臺後雖然很努力的在唱，但有的地方明顯走調了，甚至連歌詞都記得不清楚。但是他從頭到尾都很投入、很放鬆。

聯歡會過後沒幾天，汪城海就被總經理調到了身邊做助理。這次調動讓其他的員工都很疑惑，難道僅僅就憑那首歌，他就能升遷？再說了，他也唱得並不好。

汪城海當時是這麼想的：

（一）在當時的情況下，臺下的員工因為顧慮太多，所以就不敢登臺，這樣就可能造成冷場，這時自己挺身而出，就相當於是幫經理解圍；

（二）明知自己歌唱很一般，但這次登上舞臺對自己而言主要是表現出自信和大方；

（三）透過上臺唱歌，可以表現自己，同時也能加深經理對自己印象。

又過了一段時間，汪城海就被提拔為部門經理，這是因為在擔任經理助理的時候，他需要整天都面對各個部門的經理們，每天都會聽到一些關於如何管理公司，如何規劃好公司未來的發展等這些問題。而這些都是其他文書所接觸不到的。

汪城海抓住了機會，所以他由普通文書被提升為總經理助理，在這期間，他又抓住了每次接觸各個部門經理的機會，學習他們的管理和經營理念，最終成就了自己。

團隊的力量會為每個人贏得更多的機會。與此同時，每個團隊都會有它的氣場，而優秀的團隊的氣場對我們每個成員來說，都具有巨大的促進意義，它可以幫助我們提升自己，同時也可以促進團隊的發展。

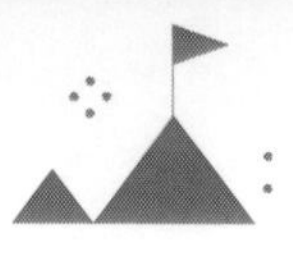

方法是智慧與價值的體現

有一個釣魚愛好者，可以說一提到釣魚就什麼事都忘了，世界上其他任何事情都引不起他的興趣。

每到冬天，他就會很沮喪，因為所有的湖都要結冰幾個月，他不能再盡情的釣魚了。

有一天，他的一個朋友告訴他可以冰上釣魚。

「太棒了！」釣魚愛好者說，「明天一大早我就去。」

第二天，天剛剛亮，釣魚愛好者就拿著他所有的器具，來到一塊平滑的冰上。他用斧頭在冰上鑿開一個洞，給魚鉤上餌，把線拋下去，然後很耐心的等待。

他在那裡釣了兩個小時，沒有一條魚上鉤。

突然，背後傳來的一個響亮、低沉的聲音，打破了寧靜。

「這裡沒有魚！」

十分專注的他，就像沒有聽見一樣，絲毫不理會那個聲音，依然在那裡繼續釣他的魚。

大概一個小時後，他又聽到了那個聲音。

「這裡沒有魚！」

他已經很長時間沒有釣過魚了，而且好不容易找到了可以釣魚的地方，他怎麼能輕易放棄呢！

他繼續盯著漁線，耐心的等待魚兒上鉤。

又一個小時過去了。

「這裡沒有魚！」

這次，他不能再不理睬這個響亮的聲音了。

他抬起頭，很謙卑的問：「您是上帝嗎？」

「不是！我是溜冰場的清潔工。」

這不只是一個笑話。生活中，我們有時候也像那個釣魚愛好者一樣，做事不懂得思考，沒有方法，只是一昧的憑著熱情努力去做。

上學的時候，許多人把「書山有路勤為徑，學海無涯苦作舟」作為座右銘，懸梁刺股，勤學苦讀。但勤奮和刻苦並非是取得學業成功的唯一因素。我們常常可以看到這樣的現象，有的人學習非常勤奮，他們除了白天學習之外，晚上還要熬到深夜，甚至下課的十分鐘也要用於學習，但是成績平平；同時，你還會發現，另外一些同學學習很輕鬆，除了上課和自習課外，經常參加社團活動，在學習上比「一天到晚用功學習」的勤奮學生投入的時間少，但學習成績卻很好。這兩類學生在學習上一個事倍功半，一個事半功倍，這樣的反差是什麼原因造成的呢？或許有智力上的因素，但是學習方法的不同同樣嚴重影響著學習的效果。

工作之後，這樣的情況更加突出：有的人工作很認真，每天都忙個不停，但是效率很低，還常常加班來完成工作，工作績效卻平平；有的人平時很少加班，能用較少的時間來完成工作，績效相當好。對於前者，或許最初上司會因為你的刻苦努力而欣賞你，但是長期下來，由於工作獲得的成

果始終不佳，你的努力幾乎都是白費。這是一個重視過程，但更重視結果的年代，所以，方法比勤奮更重要。這是經過很多人證明過的真理。

或許你現在微小得像隻「螞蟻」，但只要你善於尋找方法，就能不斷強大，終有一天會變成「大象」。

我們不難發現，成功的人往往就是那些主動尋找方法，依靠方法順利解決問題的人。同樣的問題擺在眾人的面前，能否主動尋找方法、積極解決問題，這就是成功人士與失敗者之間的區別。

德國著名作家萊辛曾經說過這樣一句格言：「如果上帝一手拿著真理，一手拿著獲取真理的能力，讓我選擇其一的話，那麼我寧願要獲取真理的能力而不要真理。」的確，給你一個結果，但不知道結果從何而來，這會在你之後的道路上埋下隱患。對於個人來說，對於解決問題來說，多數情況下，方法要比勤奮更重要。

我們每天都必須解決許多問題，這些問題的結果將影響一個人之後的道路，決定他的成敗，而解決問題的關鍵恰恰在於方法。

一個好的方法往往能使人在山窮水盡的時候，又見柳暗花明。一個正確的方法，發展的速度比想像來的更快。

當然，我們不能否認努力、毅力等品質對於解決問題和成功的重要性，但是在許多時候，一個好的方法能讓你事半功倍，在付出同等努力的情況下獲得突出的成績。

愛因斯坦曾經提出過一個公式：成功等於勤奮加方法加不浪費時間。從這個公式我們可以知道，正確的方法是成功的三要素之一，如果只有刻苦努力的精神和腳踏實地的作風，而沒有正確的方法，是不能取得成功的。成功需要的不僅僅是勤奮，也不是只單純的與花費的時間、精力成正比，成功同樣需要方法。只有正確的方法才能提高解決問題的效率，才能保證成功！

在現代社會中，我們離不開工具的幫助，汽車、電腦、網際網路……這些幾乎成為我們生活的一部分。正確的方法就如同我們使用了正確的工具。無論我們面對怎樣的問題、困境，需要的都不僅是努力，還需要有正確的方法。方法正確，事半功倍；方法不正確，事倍功半。

在我們的生活中，每天都會遇到許多問題。我們運用各種方法，或是參考經驗，或是創新，不斷的解決這些問題。我們運用的方法不同，最後的結果也不同。

方法是一種智慧和價值的體現，它幫助人們更高效率的解決問題，幫助我們獲得成功。許多時候，僅僅一個問題、一個方法，就決定了我們的成敗與得失。

認真對待每一個細節

在這個世界上，每一項工作都值得我們去做，不論是大事還是小事，我們完成它的過程就是運用和提升自己氣場的過程。我們的氣場是大是小，就看你對待事情的態度是怎樣的。對自己的工作如果能做到全力以赴、盡職盡責，那就算做的是小事情，別人也能從你身上感受到大氣場，這也會讓你為自己創造出更大的發展空間。

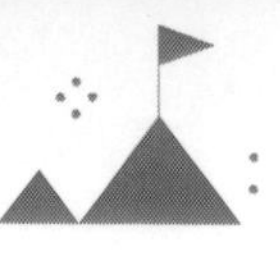

如果只是想著做大事，把那些平凡的小事情根本不放在眼裡，那麼即便你非常有才幹，有氣場，但是別人有可能感受不到。這是因為氣場都是在人們的實踐中發揮的，是從人們對待每一件事情的態度和他的所作所為中體現出來的。

一棟雄偉的高樓大廈是經過一磚一瓦逐步建起來的，那些偉大的事業都是由平凡的工作匯聚起來的。同樣的道理，氣場也是由你的一舉一動，從你做事的態度中發揮出來的。所以，我們要讓自己在職場中表現得更優秀，更有前途，那就應該學會去重視每一項工作，注重自己的實際行動。

可是，現在雖然有很多人都渴望證實自己的優秀，但他們只是讓計畫停留在夢想階段，而不是從簡單的工作做起，所以就失去了很多展示自己價值和走向成功的契機。

一位年輕的女孩進了一家修道院，來到這裡後，她一直從事織掛毯的工作，一段時間以後，她已經失去了耐心，再也不想做這種異常無聊的工作了。

她在一位老前輩面前感嘆道：「給我分派的工作真是有點摸不著頭腦，因為我一直在用鮮黃色的絲線進行編織，可是中途卻突然要我打結、把線剪斷，這種事根本就沒有意義，簡直就是在浪費我的生命。」

「孩子，妳錯了。妳的生命並沒有浪費，雖然你所完成的這份工作在妳看來很小，其實這個看似很小的一部分是非常重要的一部分。」那位老前輩對她說，「其實有時候，妳可能很難看到整體工作的美，可是一旦缺少了妳那部分，整體的工作就立刻變得不完整了，離開了那部分，整體就不存在了。」

說完，那位老前輩便帶著她來到了工作室裡攤開的掛毯成品面前，結果，年輕的修女看見眼前的鏡像後呆住了。

原來，她正在編織的是一幅非常美麗的《三王來朝》圖，她用黃線編織的那一部分正是聖嬰頭上的光環。她事先根本就沒想到，這些看似沒有意義的工作原來是如此神聖。

這個故事告訴我們，其實沒有一項工作是無意義的，同時也沒有任何一個人的氣場是一無是處的。究竟能不能將事情做好，能不能將自己的氣場運用好，讓它發揮出積極的作用，那就看你對事情的態度了。

優秀的人總能想辦法完成任務，他們總是抱著不達到目的誓不罷休的態度。可是那些只擅長於紙上談兵，而不敢面對殘酷現實的人，總是在逆境中畏畏縮縮，謹小慎微而游移不定。很明顯，這種類型的人，是很難有一個好的發展的，因為他們缺乏實現卓越的氣場！

工作其實並沒有平庸與不平庸之分，只有平庸的心態。一隻獅子在對付大象的時候，牠會傾其所有的專注、敏捷和力量，而在對付一隻兔子的時候，牠還是一樣的用全力。百獸之王都用這樣的態度對待生活，那我們人類難道沒有從中得到啟發嗎？萬物之靈就更應該如此了。應該認真對待生活、工作中的每一件事，將那些不起眼的、簡單的日常工作做精細、做專業，而且能持久的堅持下去，讓自己做事情做到位、做扎實，這才能為自己走向卓越打好通路。

保持最佳精神狀態，最大限度發揮能量

人人都願意和一個有氣場、整天精神抖擻的人打交道。只有那些充滿熱情，渾身都上下散發著強大氣場的人會受到大家的關注和器重。

一位資深人力資源經理曾說：「要招聘一位員工，他首先得要有工作的熱情，要對公司、對技術、對工作都應該充滿熱情。即使他可能對這個產業還沒有很深的了解，即使他可能還比較年輕，但只要他有熱情，那麼和他談完之後，你就會受到他的感染，就會願意給他提供一個機會。」

許多人在剛剛進入職場的時候，因為覺得自己缺乏工作經驗，所以為了彌補不足，他常常會早來晚走，充滿了鬥志，即使忙得連吃飯的時間都沒有，他依然會很開心。因為工作具有挑戰性，自己的感受也是全新的。像這樣熱情四射的工作狀態，就會讓周圍的人感受到你的強大氣場，他們就會被你感染，上司也看在眼裡，他覺得你這個人是值得培養的人才，可能你並沒有察覺到這些，但事實的確是這樣的。

隨著時間逐漸推移，你對工作也漸漸熟悉了，於是剛開始工作時的那種新鮮感就消失了，工作的熱情也往往隨之溜走。於是，一切又變得平淡起來，曾經充滿創意的想法也消失了，對待自己的工作可能也只是應付了事即可。這個時候，你可能既厭倦又無奈，不清楚自己的方向在哪裡，也不清楚怎麼做才能讓當初那種熱情重新回來。可能這時候，上司對你的看法也會有所轉變，由當初前途無量的員工變成一個比較稱職的員工。

當今社會沒有一處不競爭，誰競爭成功誰就是英雄。而能自始至終陪伴、鼓勵和幫助我們的人既不是同事、朋友，也不是親人，只有我們自己，激烈的競爭中，保持我們的熱情，能最大限度的發揮我們的氣場，從而更好的迎接每一次挑戰，這些都取決於我們自己。

如果我們在每天早晨都能保持最佳的精神狀態走進辦公室，面帶微笑問候同事們，然後鬥志昂揚的投入到工作中，工作神情專注，走路時昂首挺胸，和人交談時面帶微笑……於是，從你身上所散發出來的氣場就能給周圍人帶來積極的影響，而被影響的結果最後又會反過來影響你、激勵你。

保持良好的工作狀態，這是我們的責任心和上進心的一種表現，也是上司期望看到的。如今，很多人都承受著一些有形或者無形的壓力。所以，即使我們的生活和工作並不那麼如意，那也不要表現出愁眉不展的樣子，要掌控好自己的情緒，用積極的眼光去看待問題，讓一切變得積極起來，讓自己的氣場也積極起來。要對自己的未來始終都充滿希望，相信明天會更好！如果我們保持積極樂觀的精神狀態，那麼一切事情都是鮮亮的，這也包括糟糕的事情；如果我們讓自己保持悲觀的精神狀態，那麼一切事情也都是灰色的，甚至美好的事情也是如此。所以，能保持對工作的新鮮感，就能讓我們對工作充滿熱情。

可是要做到這點並不容易。需要不斷的訓練：

第一，要改變自己對工作的認識

不要總是覺得工作只是一種謀生手段，要把自己的事業、成功和自己現在的工作連繫起來。

第二，結合現實不斷給自己樹立新目標

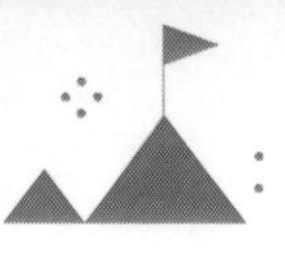

不斷培養新鮮感；把自己曾經的夢想重新撿起來，找到適當的機會去實現它；對自己的工作進行全面的審視，看看還有沒有哪些需要改進的地方，再把自己的想法運用到工作中。

第三，要認同企業文化，增強自己的歸屬感

要對自己的企業和工作感到驕傲，當我們成功的解決了一個又一個問題後，成就感就會自然而然的產生，這也會讓我們受到鼓舞，讓我們感到生活的美好。

人人都應該熱愛自己的工作並充滿熱情。不要把自己追求美好事物的熱情抹殺掉，每天都能以飽滿的精神狀態去迎接工作，以最佳的精神狀態在工作上展現自己的才能，這就能讓自己的潛能得到了充分的開發。這樣，我們的內心也會產生積極的變化，對自己變得越來越有信心，讓自己的氣場越來越強，我們存在的價值也會得到別人的認同。

熱愛你的工作，讓人慢慢感受你的能量

在工作上，如果一個人沒有很強的能力，但是他擁有很敬業的精神，那麼他也會得到人們的尊重。如果一個人的能力很強，但卻缺乏基本的職業道德，那一定會遭到大家的否定。熱愛自己的工作，會別人留下一個好印象，特別是因為熱愛工作而表現出來的進取精神，這會讓別人看好你的發展前景，也會讓別人被你那積極的氣場所吸引。

這樣一來，願意和你來往的人就會漸漸增多，而他們都可能給你帶來強而有力的幫助，於是，

你走向成功就變得比較容易了。

亞洲首富李嘉誠在事業上取得了很人的成就，而他的敬業精神在這些成就的取得中起到了不可磨滅的作用。

在他十四歲時，家境貧寒的他不得不輟學，過早的走入了社會，肩負起了生活重擔。

剛開始，李嘉誠去當地的一家茶樓當夥計。因為香港人都有吃早茶這樣的習慣，店裡的夥計的工作量並不小，必須在每天凌晨五點左右就要趕到茶樓，開始為客人們準備好茶水茶點。這樣一來，李嘉誠每天就得早早的起床去茶樓。在茶樓工作的確很辛苦，每天的工作時間長達十五小時以上，而且地位也很卑下，當其他人休息時，他還必須待在茶樓等候。晚上是茶樓生意最興隆的時候，每次茶樓打烊時，都已到半夜了。那時的李嘉誠經常累得眼睛都出現了黑眼圈，走路兩腿直發軟。

雖然這麼苦這麼累，可是他對工作還是不敢有絲毫的懈怠。當時，他的舅舅為了讓他掌握好上班的時間，送給他一個小鬧鐘。於是，他每天都把鬧鐘調快十分鐘，所以總是能第一個趕到茶樓。直到後來，他一直保持著這樣的習慣。

因為那個時候找工作非常艱辛，所以李嘉誠特別珍惜這份工作，他真誠敬業、勤勉有加，所以很快就得到了老闆的賞識，而且也成了加薪最快的員工。

在茶樓連續工作了兩年，這期間，李嘉誠的眼界有了很人程度的開闊，見到了許多人、許多事，也學到了許多書本上學不到的東西，同時生活的殘酷和世人的冷眼，對李嘉誠造成了很大的刺

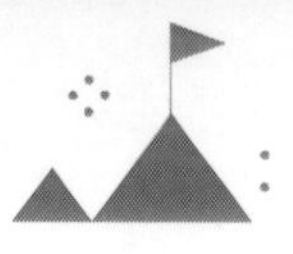

激，他萌生出一定要出人頭地的欲望。

於是，兩年後李嘉誠毅然離開了那家茶樓，去了一家塑膠廠開始做起了推銷員。雖然推銷員要到處去推銷產品，很辛苦，可是他早已習慣了，這是因為當初在茶樓的時候，每天都不知道要跑多少路。在推銷產品的時候，他善於動腦筋，會根據不同的對象靈活的推銷自己的產品。

因為他一直保持著熱愛工作、刻苦鑽研、任勞任怨的心態，而且取得了很不錯的成績，所以，在他二十歲的時候就被晉升為業務經理。在後來的創業過程中，李嘉誠依然保持著當初那種兢兢業業的工作態度，最終讓自己的事業達到了巔峰狀態，成了亞洲首富。

可以說，從年輕時候被任命為經理直到後來到達事業的巔峰，讓李嘉誠在激烈的競爭中站穩腳跟的就是他那熱愛工作的態度。因為熱愛工作，這才讓他的人生漸漸發光直至最後的大紅大紫。

熱愛工作是一種態度，它也是形成強大氣場的重要途徑。工作的過程中，保持一顆熱愛工作的心態，這可能不會讓我們在最短的時間內提升自己的競爭力，可是它能讓我們漸漸感受到自己所擁有的積極氣場，最終就會讓我們在工作中出類拔萃，獲得老闆的認可，得到更好的提拔。

曾經有人問著名的哲學家說，你認為什麼是成功的第一要素？他回答說：「喜愛你的工作。如果你熱愛自己所從事的工作，哪怕工作時間再長、工作再累，你都不覺得是在工作，反而像是在做遊戲。」不錯，對待什麼樣的工作，都要拿出自己的熱情，要讓自己樂在其中，如果這樣做，即便是那些最平凡的工作我們也能體會到成就感。

沒有哪個老闆不欣賞那些熱愛工作的員工，所以，我們應該將自己熱愛工作的態度融入到現實中去，踏踏實實的做好自己現在的工作，這才能讓自己的強大氣場感染老闆，從而得到老闆的賞識和重用，為自己贏得未來。

對工作負責，讓自己散發出人格氣場

有個叫李兆華的年輕人去一家公司面試，接待他的人是這家公司的總經理。經過一會兒的交談，總經理覺得李兆華的個人能力有限，並不適合他們公司的工作，所以，他便很客氣的和李兆華道別。可是，當李兆華從椅子上站起來的時候，他的一個手指不小心被椅子上凸出來的釘子給劃了一下。於是，李兆華便打算把那顆釘子敲進去。剛好，他看見了總經理桌子上有一個紙鎮，於是便拿了過來把凸出來的釘子敲進去之後才和總經理道別。就是他的這個舉動，讓總經理突然改變了主意，他決定錄用李兆華。

事後，這位總經理說：「和他的交談中，我發現他不太適合在我們公司發展，可是他的責任心我很欣賞。我覺得公司有了這樣的員工我會很放心。」

可能生活中有不少人都和李兆華一樣，他們的能力並不突出，他們的氣場也不算很強大，但是人人都可以像李兆華一樣，發揮負責任這個「長處」，以負責來彌補自己在能力和氣場方面的不足。

無論我們在什麼公司，只要對自己的工作做到認真負責，我們就能受到尊重，就能獲得更多的自尊心和自信心。即使我們目前的薪資很低，即使我們還沒有得到老闆的器重，只要我們能忠於職

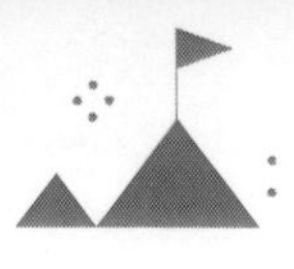

守、毫不吝惜的投入自己的精力和熱情，我們就能將自己的氣場發揮出來，贏得同事的尊重和老闆的器重，我們的工作當然也就會越做越好。

勤奮、敬業的人總會在自己的工作中受益匪淺：從精神方面來講，他們可以獲得快樂和自信；從物質方面來講，他們可以獲得比較豐厚的報酬。而那些對工作不負責任的人則很缺乏自信，他們往往也難以體會到快樂的真諦。其實，當我們把工作推給他人時，也就將自己的快樂和信心轉移給了他人。

生活總能讓每個人都得到回報，無論是榮譽還是財富。但這是有條件的——我們必須轉變自己的思想和認識，培養起自己盡職盡責的工作精神，這才會產生改變一切的氣場力量。

錢江濤是一家保險公司的業務代表。事實上這份工作並不好做，因為生活中有很多人都對保險業務員敬而遠之，所以，他的工作開展起來的確有不少困難。

錢江濤的好幾個同事，整天都對自己的工作不斷的抱怨：「如果我找到了比這更好的工作，那我肯定不會在這裡待下去。」、「好多投保人態度都太差了，好像我們會欺騙他們似的。」所以，他們都只能拿到最基本的薪水。只有在上司的不斷催促下，或者在嚴厲的政策下，他們才可能會有一點點進步，不然就是原地踏步或者一直在退步。

只有錢江濤和他們不一樣。當然錢江濤對目前的現狀也不滿意。很顯然，因為現在的薪水並不高，而且他的職位不高，但是他並沒有就此放棄，因為他知道，如果放棄工作，其實就等於放棄自己。他覺得，在這個世界上，沒人能強迫一個人去放棄自己，除非是他本人主動為之。而且他還相信，努力並沒有錯誤，自己的努力會讓平凡單調的生活充滿樂趣。

在這些觀念的促使下，錢江濤便主動去尋找客源。為了做好與客戶交流的工作，他下了不少功夫——將公司的各項業務情況熟記於心，同時還下了很大功夫去了解同類公司的業務情況，讓客戶明白他們公司和其他同類公司的不同，請客戶根據自己的意願去選擇。

生活中雖然有一些人是希望能多了解一些保險方面的常識，可是因為對保險業務員的偏見，所以對保險方面的知識很欠缺。錢江濤在了解了這些情況之後，便主動在社區裡辦起了「保險小常識」講座，進行免費講解。

時間長了，人們對保險的了解也更多了，同時他們也對錢江濤有了好印象。這時。錢江濤再向這些人群推銷保險業務的時候，大家當初的那種反感都消失了，而是樂於接受他的推銷了。於是，錢江濤的工作業績便突飛猛進，薪水也有了很大的提高，一年之後，便由一名普通的保險業務員升為部門經理。

所以，要學會努力培養自己敢於承擔責任的精神，這樣一來，我們就能成為工作與生活中的贏家。錢江濤的成功也正好說明了這一點。

當我們去嘗試著對自己的工作負責時，我們就會發現，原來自己身上還有很多的潛能以前根本都沒發揮出來。而且當自己切實負起責任的時候，我們會發現，自己比往常出色很多倍，同時我們也能在平凡單調的工作中發現很多樂趣，最關鍵的是我們的自信心還能因此而得到提升，讓我們的氣場也得到提升，從而讓我們做得更好。

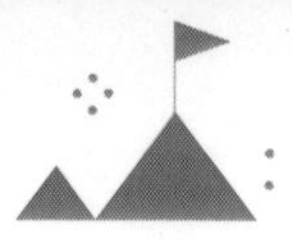

提升你的職場競爭力

敬業精神、負責任的態度、充滿熱情的對待自己的工作等等，這些都能讓我們自身的氣場有更好的用武之地。氣場是一個人各方面素養的綜合體現，個人魅力的表現是多方面的，所以，我們的氣場氛圍除了熱情、敬業等這些因素之外，還需要有「軟實力」來進行支撐。這些軟實力除了包括博得上司的欣賞之外，還有同事們的認同。在這裡，我們來看看如何才能獲得同事們的認同。

第一，用請教的口吻和同事進行溝通交流

子曰：「三人行，必有我師焉，擇其善者而從之，其不善者而改之！」任何人的知識面都是有限的，所以他不可能了解所有的事情。也許這件事我們不知道而對方知道，也許那件事對方不知道而我們知道。所以這就需要進行溝通交流。而當我們以謙虛的態度，多用請教的口吻和同事進行溝通的時候，別人才可能告訴你想要知道的事情，如果對方不知道的話，他也可能為我們提供一些其它我們並不了解的資訊，讓我們有所頓悟。總之，同事的幫助對我們事業的順利有不小的作用。

第二，與同事可以同流，但不可合汙

在職場中，人們都不可避免的要和各種性格的同事進行來往，而在來往之中，就必然產生親疏遠近之分。那些來往比較頻繁、彼此感情比較親近、互相幫助較多的人就可能會發展為朋友關係。可是我們一定要時刻保持清醒的頭腦，如果同事要拉我們一起做一些不利於公司或影響我們個人前途的事，那麼我們就要堅決和對方劃清界限。否則到頭來，我們後悔都來不及了。

第三，調解同事間的矛盾，而不能火上澆油

同事之間的相處應該做到豁達大度，相互諒解，而不是記恨記仇，讓彼此的關係走向緊張。因此，當我們聽到一個同事表達對另　同事的不滿時，我們一定不要火上澆油，而應該充當調解人，在互相有成見的同事之間進行合理的調解工作。隱藏雙方那些過激的、不友好的話，盡量多說一些可以緩解矛盾和融洽關係的話。同時啟發雙方多想對方的好處，要多從自身反省來找自己的不足，不要對於那些細枝末節糾纏不清，也不要對已經過去的事情耿耿於懷。

第四，多說「我們」少說「我」

和同事交往的過程中時，要注意自己的用詞，「我」字不要講得太多，否則會給人以突出自我、標榜自我的印象，還可能在我們和對方之間築起一道屏障，影響他人對我們的認同。因此，在跟同事交往時，可以用「我們」一詞代替「我」，這樣會拉近彼此之間的心理距離，促進彼此之間的感情交流。

第五，放低姿態，融入到團隊中去

即使我們很有才能，也要盡量放低自己的心態，把自己融入到團隊中去，不要刻意凸顯自己，和大家和諧、友好的相處，這樣就能為自己贏得好人緣。

當我們從這些方面去努力的時候，就會發現自己和同事的相處越來越融洽，我們的氣場也越來越積極，我們的前程也越來越有希望。

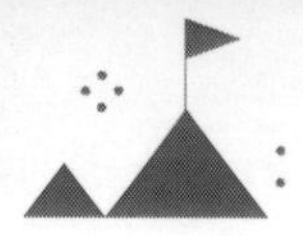

九、找到人脈鑰匙，構建你的人脈圈

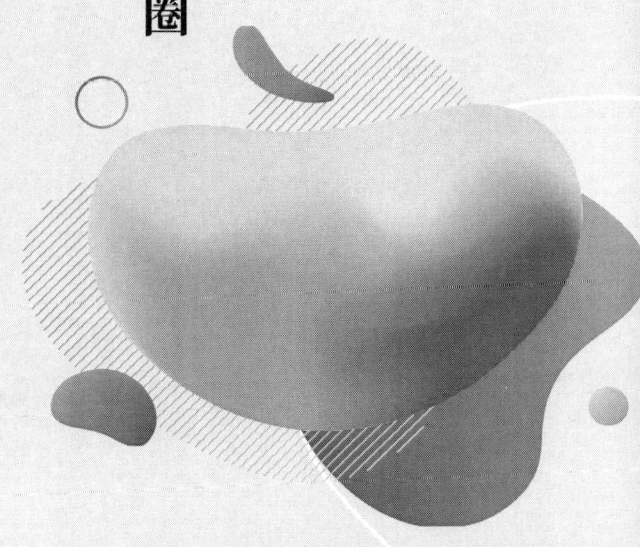

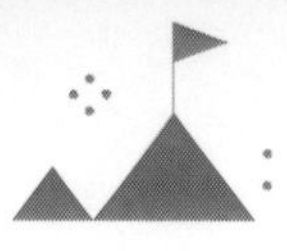

積極，就會帶來優質人脈

如果我們擁有積極的氣場，就能讓自己的人脈得到擴大，這是因為當我們和他人進行交際的時候，彼此的氣場會產生相互影響，積極的氣場可以吸引別人。

當一個人擁有積極的氣場時，那他無論參加什麼場合都能給別人留下美好印象，於是就會獲得良好的人際關係。而那些氣場消極的人，總是有點自卑的，他們不願意多說話，因為擔心說話會讓自己的缺點暴露出來。比如說，如果一個人在說話的時候，總是重複別人的話語，或者總是說些比較幼稚又不得體的話，這樣他就可能是不願意多說自己的事，因為擔心這些話不但提不起大家的興趣，反而會被嘲笑。

氣場消極的人，總是不願意和別人進行溝通，所以他們就沒有良好的人脈關係。這樣的消極氣場體現在兩個方面：一方面是自己說話不得體，也就是不知道究竟該說什麼好；另一個是自己的談話能力差，這主要是指應變能力，比如當其他人說出一件事情的時候，有的人就可能不知道該如何進行應對。

一個人的表達能力好，是指他對自己所要表達的意思不但能夠表達清楚，而且還能根據不同的對象來掌握自己說話的語氣分寸，這種人的氣場是積極的，也能讓他人感受到他的積極的態度，這就像一個熱情澎湃的演說家在臺上演說時，我們經常會覺得心潮澎湃。

氣場積極的人，他和別人談話的時候，能讓別人感受到他的自信和快樂，因為積極的氣場能量可以把我們的積極情緒帶給別人，同樣，一個擁有消極氣場的人，就會把自己的消極情緒帶給別人。在交際過程中，有的人我們很願意和他交談，而有的人我們則不願意和他交談。這是為什麼呢？我們願意和他交談的人，是因為他身上的氣場能量比較積極，能給我們造成積極的影響；不願意和他交談的人，是因為他的氣場能量比較消極，會給我們造成消極的影響。

我們要在交際中把自己打造成別人眼中值得交往的人。如果你欣賞一個人，並能和他保持深厚而親密感情的原因是什麼？當然是因為對方也欣賞你。因為你的積極氣場也影響到了他，所以他會欣賞你；如果你的氣場不存在了，失去了吸引力，那麼對方也就很難再去欣賞你了。

人際交往，我們應該明白的不是「我能從對方那裡得到什麼」，而是「我能給對方提供什麼」。有的人不懂得去充實自己，不懂得提高自己的價值，而總是把希望寄託在對方身上，希望對方能幫助自己。這種的想法很顯然是不合理的，它會成為人際交往的絆腳石。那些知識儲藏豐富，而且在交流中能夠做到收放自如的人，大家自然會將目光聚集在他身上。因為他的氣場具有足夠的吸引力。

當年，索尼公司的總裁盛田昭夫請大賀典雄來索尼測試答錄機，而當時的大賀典雄並不是什麼很有實力的人物，他只不過是一個在東京剛剛出道的樂壇新手而已。可是他卻贏得了索尼總裁盛田昭夫的賞識。這是因為在眾多人群中，他堅持認為錄音機可以製作得比現在更加精良，而且他也是持此觀點的唯一一個人。

他這樣的觀點在當時看來，的確獨樹一幟，這深深吸引了盛田昭夫。他那與眾不同的氣場讓盛

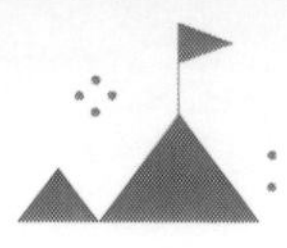

田昭夫對他刮目相看。

而當時的大賀典雄還是一名學生，於是，盛田昭夫便親自向索尼公司的工作人員交代，要代這位男生繳學費。在一九五五年的時候，大賀典雄正式加盟索尼公司，開始擔任錄音機部門的主管，不久後，他便著手發展索尼哥倫比亞唱片。

後來，大賀典雄透過自己良好的表現，為索尼公司做出了不少貢獻，他的表現也越來越讓董事長盛田昭夫滿意，最終，經過了多年磨練，他成了索尼公司除了總裁盛田昭夫之外的重要人物。

正是因為大賀典雄那與眾不同的氣場，讓他獲得了盛田昭夫的青睞，而盛田昭夫就是他人生中的一個「貴人」，在這位「貴人」的提拔下，他最終達到了自己的事業巔峰。而也是他身上那積極上進的氣場，感染了盛田昭夫，所以才為他建立了生命中最重要的優質人脈。

成就大事的人往往不會放過人脈這種偉大的力量，他們總是透過積極的氣場來吸引貴人，結交貴人，與貴人交朋友，從而借助他們的力量為自己辦事。

把握助人的機會，增加你的人脈

倘若我們在平日裡樂於助人，處處為別人著想，你就會發現自己的善意會得到回報的，同時，最主要的是你的氣場也會在你幫助別人的過程中逐漸壯大。

一位名人曾經說過這樣一句話：天底下只有一個辦法可以影響別人，就是想到別人的需要，然後熱情的幫助別人，滿足他們的需要。

其實在我們的日常工作和生活中，不論是同事還是朋友之間都免不了要互相幫忙。平日裡我們總說「助人為樂」，可是要如何在職場這個沒有硝煙的戰場上把自己的角色扮演好，既幫了別人的忙，又幫了自己的忙呢？

當然，我們要讓對方看到我們對他的關切，這就要求我們必須真誠。這不僅能讓我們自己有些成就感，也能讓對方感受到我們是可信的，是值得深交的。所以，我們的真誠關切是一條雙向通道，能讓我們雙方都會受益。因此，我們要努力學會為別人效力，做那些不惜花時間、精力和誠心誠意為別人設想的事情，這樣才能獲得真正的幫助。

韋德在英國的一家銀行工作。有一次，他按照上級的指令準備寫一篇關於吞併另一間小銀行的可行性報告，但事關商業機密，所以他需要時時刻刻都小心謹慎。在這件事上，他有一個朋友可以幫助他得到他非常需要的那些資料。因為自己的這位朋友曾在那家銀行工作了十幾年，對那家銀行當然是很熟悉的。於是韋德找到了這位朋友請他幫忙。當他走進這位叫做威廉的朋友的辦公室時，威廉先生正在接電話，並且很為難的說：「寶貝，這些天的確沒什麼好郵票可以帶給你了。」

「我正在為我十歲的兒子收集郵票。」威廉解釋道。

韋德說明了自己的來意後，便向威廉提出了幾個問題。讓人感到出乎意料的是，威廉可能還對他過去的公司很有感情吧，所以他竟然很不願意合作。在回答韋德的問題時說得很含糊，叫人一點也理不出頭緒。看來他是不想把自己的心裡話說出來，再怎樣好言相勸都達不到韋德想要的效果。

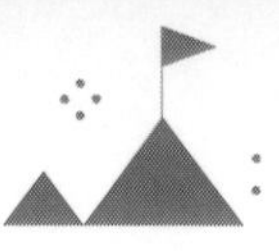

因此，他們這次見面的時間很短，而且也以失敗而告終。

起初韋德很是著急，真是不知該怎麼辦才好。情急之中他突然想起了威廉正在為他兒子搜集郵票的事情，於是韋德馬上想起了自己的一個朋友在航空公司工作，很喜歡搜集世界各地的郵票。

第二天上午，韋德帶了一些以一頓法式大餐為代價換來的精美郵票，坐到了威廉的辦公桌前。看到了這些郵票，威廉一臉的喜悅，也非常客氣。「我家喬治將會喜歡這些，」他一邊不停的說，一邊欣賞著那些郵票。的確，這些郵票讓威廉非常滿意。

於是他們花了一個小時談論了郵票，又看了看威廉兒子的照片。接下來，威廉又花了一個多小時，把韋德想要知道的資料當面全都說了出來。韋德甚至都沒有提議他那麼做，可是他把他所知道的全都告訴了韋德。而且為了保證自己提供給韋德的這些資訊的可靠性，他還立即打電話給以前的一些同事做了核實，把一些事實、數字、報告和信件中的相關內容，全部告訴了韋德。

在這件事中，剛開始威廉根本就不願意吐露消息。而韋德卻從威廉為兒子收集郵票的事中找到了機會，將郵票收集了贈送。就是因為他的這個行為，幫了威廉，急人所急，所以取悅了對方的心，自然對方就願意幫助他了。

我們都知道「利人者利己」這句話，但在生活中總有很多人很欠缺這方面的認知，他們對事物之間的這種內在規律和關聯總是看不清楚，所以總是不願意去幫助別人，總覺得幫助別人對自己並沒有什麼好處。

當別人遇到困難的時候，那些漠不關心、有能力而不給予幫助的人，最終只會被社會孤立、被眾人排擠。一個人若想讓自己的氣場更強大，那就一定要贏得周圍人的尊重和認可。當我們在幫助別人的同時，也讓自己廣闊的胸懷得到了體現。將心比心，我們的援助之手一定能得到他人的認可，贏得他人的尊重。所以，幫助別人就等於壯大我們的氣場。

漫漫人生路，誰的一生能一路平坦，誰不會遇到些艱難險阻？我們自己也是一樣的。可能今天我們所見到的他人的遭遇將來就是我們的遭遇。所以，我們不要吝嗇於助人，只要我們能用心幫助別人，那就是最大的贏家。這就印證了這樣一句名言：「為了幫助別人，請先將你手中的蠟燭點燃，你要知道它在照亮別人的同時，最先被照亮的可是你自己！」

我們要學會幫助別人，學會把握幫助別人的機會，並且在幫助別人的過程中不要總想著自己失去了什麼或想讓對方報答我們！因為我們的援助之手已經讓我們收獲了比金銀財寶更珍貴的東西——氣場。

讓自己的行為舉動充滿自信

一位自信的人在說話時，我們能從他的臉部表情和言談舉止中看出他那積極飽滿的情緒，他的言行都洋溢著吸引人的魅力，同時還能塑造出一種積極迷人的氣場，讓自己顯得光彩奪目。既然自信可以影響人們的言談舉止，那麼言談舉止能不能反過來對一個人的自信心造成影響呢？

蘇菲是個非常認真負責的人，在公司裡她勤勤懇懇，任勞任怨。來到這個公司的三年中，她所

在的部門對管理人員進行了三次更換，而這些主管都稱讚她很能幹。但是，她的職位卻一直在原地踏步，而一些新來沒多久、資歷沒有她高的人卻很快就得到了提升，而且還成了她的上司。蘇菲心裡很不平衡。

一次，升遷的名單公布後，還是沒有蘇菲的名字。於是她便去找老闆問原因。老闆很客氣的對她說：「妳的能力我知道的確很不錯。可是要升遷不僅僅是能幹就可以的。我發覺妳還很缺乏自信，妳可以想想，缺乏自信的話，妳怎麼去領導大家呢?怎麼讓大家信服妳呢？」

蘇菲很不服氣，又問老闆：「您怎麼會有如此的判斷呢？」

「我常聽妳在辦公室說『糟糕了！』『完了！』諸如此類的話語，這會讓人覺得妳不成熟，而且也會覺得妳應對突發事件的能力不強。做到『泰山崩於前而面不改色』這才是大將風度，可是妳並沒有，這些都是妳缺乏自信的表現。」

蘇菲無言以對，低著頭離開了老闆辦公室。

由蘇菲的故事我們發現，人們的言談舉止的確會讓其自信心受到影響。蘇菲屢次升遷失敗，正是因在日常言語和舉手投足間，無時無刻的暴露出了自己內心真正的懦弱，從而讓老闆覺得她的能力還不夠，因此失去升遷的機會。

言談舉止對提升人們的自信心有很大的幫助，而強大的自信心可以讓我們更有勇氣去面對一切，從而戰勝困難。

那麼，我們應該如何透過自己的言談舉止提升自信呢？

第一，在說話的時候，如果不是要說給哪位朋友聽的悄悄話，那就應該大聲的講出來。要讓別人聽清楚聽。特別是對那些喜歡用柔聲細語來表現自己淑女風範的女孩子來說，這一點更是值得銘記，柔聲細語除了能讓妳自我感覺良好外，只會削弱妳的氣場。

第二，交往過程中，笑容是最容易感染別人的。笑容會給人留下好印象。當你想笑的時候就可以大聲開懷的笑出來，讓大家都感受到你的快樂。當然，開懷大笑一定要注意場合，具體情況就要靠我們個人的判斷了。

第三，不要忽視自己的站姿和步態。這是一個人內在的自我反射。站的時候，要筆直、挺拔，不要有過多的小動作，否則就會削弱我們的氣場。對於步態，要記住快走時，步伐應該鏗鏘有力，慢走時，也不可拖拖拉拉。

只有對自己充滿信心，我們才能在生活和工作中得到他人的信任、讓自己的人脈更加豐富，進而才能讓自己取得傲人的成績。

言談舉止是一個人內心世界的外在表現。倘若你表現得像隻貓，那麼無論是在你心中還是別人心中，你都是一隻貓，而且你也只會有貓的作為；如果你表現得像隻虎，那麼無論是在你心中還是在別人心中，你就是一隻威風八面的老虎，而且你也會有虎的作為，成為人群中的優秀者。

所以，我們要記住，人不能像貓，而應該像狼、像虎，要拿出時刻準備迎接挑戰的勇氣，讓自己的言談舉止始終都充滿自信，這會讓給我們的人脈氣場增色不少。

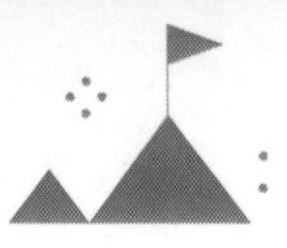

誠信做人，讓你更具威信

誠信是人們進行社會交際的基本道德規範。如今，人們在交往中越來越重視誠信，因為它不僅僅是一個人的名片，還可以說是人們的「第二張臉」。古人云：「人而無信，不知其可也。」這句話就是說，如果一個人不講信用，那麼他就沒什麼可肯定的了。

所以，誠信是衡量一個人品德的重要指標，是一個人能在社會中立足的根本。倘若沒有誠信，那就很難得到大家的認可，很難有良好的人際關係，於是就很難有更大的發展。

李勝東是惠普公司的一名送貨員。有一次，他去給客戶送急需的電腦配件的途中，突然下起了傾盆大雨。這場雨來勢兇猛，一會兒就將沿途的幾座橋都淹沒了，導致半個市區交通癱瘓，汽車幾乎都無法行駛。

按理說，李勝東完全可以和客戶進行溝通，等大雨過後再去送貨。但是他並沒有這樣做。他對自己說：「公司已經承諾要按時將貨送到客戶手上，那麼無論如何我都要將貨送到。倘若我們現在返回公司，就會讓公司的形象受損，而且我個人的信譽也會因此而大大降低。」於是，他便從汽車的後備箱中拿出溜冰鞋，準備滑向目的地。經過兩個小時的長途跋涉，李勝東終於將貨送到了客戶的手上，解決了客戶的燃眉之急。客戶看到李勝東已經疲憊不堪，就將他請進屋，當大水退去後，親自將他送回了公司。

李勝東作為一位普通的職員，他用自己的行動維護了公司的信譽，也為自己建立了「信用」品牌。倘若說是什麼原因讓惠普公司在當今競爭激烈的電子市場中始終保持著口碑，除了他們技術水準的精湛之外，還離不開像李勝東這些這種具有高度責任心和恪守誠信美德的員工！他們給惠普的品牌增添了更加光彩奪目的一頁。

春秋戰國的時候，著名的宰相商鞅推行了一系列變法，這就是史上著名的商鞅變法。可是當時戰爭頻繁、人心惶惶，老百姓對他的變法並沒有什麼興趣。為了樹立威信，將自己的改革繼續推行下去，商鞅便命人在都城南門外立一根長木頭，而且當眾許諾：如果誰能把這根木頭搬到北門，立刻賞金十兩。一旁的群眾聽了這句話後，都覺得這太簡單了，而且賞賜這麼豐厚，所以就不相信，覺得肯定是一場騙局，於是便沒有人出于去嘗試。

看到這種情況，商鞅便將賞金提高到了五十兩。人們常說「重賞之下必有勇夫」，這個時候終於有人肯站出來了，而且也確確實實將木頭扛到了北門。商鞅便立刻賞賜他五十兩白銀。他的這一舉動，得到了老百姓的信任，同時也給自己樹立了威信。這對接下來他變法的進一步推行起到了很大的推進作用。商鞅變法讓秦國走上了強盛之路，最終統一了中國。

商鞅的「立木取信」和一諾千金，為他的變法成功打下了堅實的基礎，從而國富民強。可見，「誠信」對個人乃至國家的興衰存亡都有著非常重要的作用。

當今社會，無論我們做人還是做事，切記誠信這件攻心「利器」。莎士比亞曾說過這樣的話「失去了誠信，就等於毀滅了自己」。的確不錯，沒有誠信的人會在人際交往中失去朋友，也會在工作中失去別人對他的信任……最終只能是一事無成。而那些成大事的人，必講誠信。

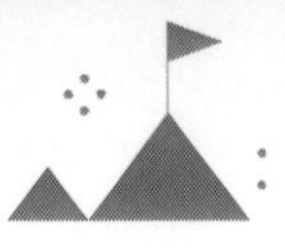

那麼，我們該如何在人際交往中做到誠信呢？

第一，對於自己做不到的事千萬不要許下承諾

做事要明白凡事都要三思而後行的道理，如果超出了自己的能力範圍，到時做不到就很有可能遭到對方的輕視甚至怨恨，這不叫見死不救，而是量力而為。而且，如果你坦誠的告知對方你的難處，和能力的不足，對方也就不會勉強或責怪你，因為他明白這超出了你的能力範圍。

第二，對於力所能及的事，一旦承諾，就要力爭兌現

這一點，我們也要很清楚。當然，最後還有一點，如果中間遭遇突發變故，讓原本答應的事可能兌現不了，那麼我們就要及早給對方一個交代，並做出合理的解釋。這樣一來，即使無法兌現先前的承諾，對方也能理解和心存感激的接受，而且會覺得你是個敢於承擔、值得信任的人。

交際過程中一定不要忘記誠信做人，它是人的一種道德規範，也是交際場上的必備攻心尚方寶劍。若想在競爭激烈的社會中，處於不敗之地，若想有所作為，就要拿出自己的誠信和他人進行交往。這樣就能得到他人的認可和尊重，從而讓我們的人脈氣場更強。

學會由衷的讚美，讓人脈翻倍

有研究顯示：人際關係良好的人，他們工作的成功率和個人的幸福率可以達到百分之八十五以上；在隨機調查的工作上出現不順的三千人中，人際關係不好的所占的比例高達百分之九十……

其實，幾乎每個人都知道人際關係對自己的重要性，可是，在我們的生活和工作中，還是有很多人不知道怎樣處理好人際關係，也有不少人可能會覺得只有溜鬚拍馬、請客送禮才能處理好關係，其實這樣的觀點並不正確。要處理好人際關係，就應該懂得並善用讚美，從而為自己的人脈氣場加分。

美國鋼鐵產業的領頭人安德魯．卡內基在一九二一年的時候，曾開出一百萬美元的超高年薪聘請夏布先生擔任行政總裁。卡內基的行為讓眾人不解，他的一位朋友便問他為什麼要那樣做？卡內基先生微笑著對自己的朋友說：「因為他特別會讚美別人，這也是他最值錢的地方。」

夏布的真誠讚美在業界可是很出名的，他因此而征服了很多商業巨頭，促成了和他們之間的合作。加上夏布廣大的人脈網路，他為卡內基的鋼鐵事業帶來的收益遠比一百萬年薪還要大。卡內基是這樣評價夏布的：「夏布在公司的位置是無人可代替的，也是其他人難以超越的。」

老闆能給夏布如此之高的評價，說明了他的確不簡單。因為在公司，每當員工們士氣低落的時候，他總能用自己的讚美之詞為大家打氣，有了他的號召，員工們的信心和熱情又會很快被調動起來，從而重新投入到工作中。所以，老闆卡內基才會認為他的位置無法被取代。

而我們在日常生活中讚美別人的時候，不要總是認為讚美會讓對方的「重要性」膨脹，其實你自己的「重要性」也會在他心中隨之增大。當他對我們的讚美流露出滿意的笑容時，我們的氣場實際上在他眼中就放大了！所以，讚美可謂是一場雙贏的遊戲。

當然，讚美對於有的人而言，他能游刃有餘，讓他人高興的同時也為自己增加了人氣；但有的

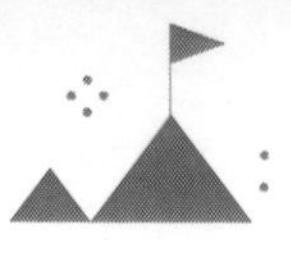

人同樣使用讚美，不但沒有讓他人高興，還可能讓人產生虛情假意、阿諛奉承的感覺，讓對方產生厭惡的情緒。所以，我們還應該掌握一些遊戲規則：

第一，讚美要真誠

人際交往過程中，一定不能缺少真誠，倘若你的讚美不真誠，那就可能顯得沒有根據，從而就可能讓對方費解或誤解，於是對方就可能對你產生戒備和防範心理。要防止這種情況的發生，在讚美說出口之前，我們必須確認自己所讚美的人的確有這樣的優點和長處。此外，我們還應該誠心誠意的表示佩服和敬慕，這樣就顯得我們的讚美比較真心。

第二，讚美忌空泛

空泛的讚美就是太模糊、太通用的讚美，針對性不強。這樣的讚美反而會引起混亂和誤會，有時還可能讓對方懷疑你的審美鑑賞能力和是非辨別能力，拒絕接受你的讚美。而我們的讚美越具體明確，就越能產生良好的效果，因為它更具有針對性和實在性，容易讓人信服。

第三，讚美要選準時機

有人曾說：「訓斥人要在無人的地方，讚揚人要去人多的場合。」這句話有一定的道理，當然也不完全對。比如當我們的上司在場的時候，倘若我們讚美他的領導組織能力強，這樣就可能讓對方陷入尷尬，無所適從，甚至有可能讓上司產生不滿情緒。所以，讚美需要選準時機，要讓自己由衷的讚美在最恰當的場合表達出來。

第四，讚美以間接為棒

我們所說的「間接讚美」就是指在當事人不在場的時候，我們在其他人面前讚美他。當這種讚美被所聽到的人傳達給當事人的時候，不但能起到對他的讚美作用，同時還能讓當事人認識到你的誠摯，這會讓讚美的效果更好。即使我們的讚美之詞並沒有傳達給當事人，聽到你的讚美的第三者也會因你在背後仍能讚美人而對你更加敬重。

第五，讚美要自然

讚美別人，一定要注意讓自己的言詞顯得自然得體，一定不能矯揉造作。讚美就是為了讓對方感受你的肯定，倘若你用詞沒有注意，這就可能弄巧成拙。讚美別人時不要猶猶豫豫、支支吾吾，而要把自己想要表達的語句說清楚、說準確，要表現得優雅大方。

渴望讚美對所有人而言都是內心深處的一種願望，不論男女老少都喜歡聽到別人對自己的讚美。所以假如我們想提高自己的人脈氣場，擁有良好的人際關係，那就請用讚美為自己的人氣加分吧！

以寬容贏得人脈，求得共同進步

澳洲著名作家安德魯．馬修斯在他的作品中有這樣一句話：「一隻腳踩扁了紫羅蘭，它卻把香味留在了腳上，這就是寬容。」寬容在人類的生活中，是非常重要的美德。因為它能融化我們心頭

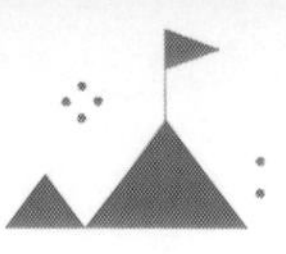

上的冰霜，產生讓人崇敬的氣場。

在生活和工作中，我們可能不免會像紫羅蘭一樣被人踩在腳下，當這種時候，請不要忘記寬容。因為寬容就像是一片寬廣而浩瀚的大海，它的胸襟寬廣，能包容一切，也能化解一切。寬容是人的一種修養，也是一種處變不驚的氣度，它是坦蕩和豁達的表現。當我們的氣場散發出這樣的能量時，我們身邊的人就會接收到這樣的積極訊號，他們會不由自主的對我們產生崇敬之情。

有一天，慧空法師正在寺院打坐念經，突然一個強盜闖了進來，拿出一把尖刀對著他的脖頸說：「趕快給我把櫃裡的錢全部都拿出來！否則，老子就要了你的老命！」

「錢在抽屜裡，櫃子是空的。」慧空法師說，「你自己去拿吧，當然要留一點，米已經沒有了，不留點，明天我要挨餓呢！」

那個強盜找到了錢後，並沒有留。在快要踏出門的時候，慧空法師說：「收到人家的東西，你怎麼不說聲謝謝啊？」

「謝謝。」強盜說。可是這時他的心十分慌亂，這種現象在他以前的搶劫中可是從來都沒有出現過的。他愣了一下，才想起來自己不能拿走全部的錢，於是，他掏出了一把錢放回抽屜。

後來，這個強盜被官府捉住。官府依據他的供詞，把他押到慧空法師所在的寺院。差役問慧空法師道：「這個強盜曾經來這裡搶過錢嗎？」

「他沒有搶我的錢，只是當時我給他錢了。」慧空法師說，「在他要走的時候，也說了聲謝謝，就這樣。」

強盜沒想到自己竟然被寬恕了，他很感動，緊咬嘴唇，淚流滿面的跟著差役走了。後來，當他的服刑期滿之後，便立刻去叩見慧空法師，懇求慧空法師收他為弟子。可是慧空法師沒有答應他的請求。於是，他長跪三日，慧空法師終於收留了他。

慧空法師寬容了那個強盜，讓他頗為感動，又收他為徒，給了他一次重新做人的機會。人在交往和相處的過程中，犯錯可能是在所難免的，我們沒有必要事事計較，事事都非要求個公平合理，而是要學會寬容。有位名人曾經說過：「大智者必謙和，大善者必寬容。唯有小智者才咄咄逼人，小善者才會斤斤計較。」有的人為了指出他人的錯誤，從而體現出自己的正確，通常就會對別人進行尖酸刻薄、帶有挑釁意味的評論。所以，他們可能會目中無人、爭強好勝，不去維護自己的人際關係，做什麼事情都想比別人高出一截，卻不知道雖然這種做法可能贏了場面，而最後卻輸了人緣。

當我們教訓別人的時候，往往總會疏忽自己也可能犯同樣的錯誤。所以，我們需要牢記一位哲人的話：「儘管人有各種的缺點，可是我們還是要原諒他們，因為他們就是我們。」當我們懷著一顆平和的心去對待身邊的人，那就能讓你自己的人脈氣場逐漸變得強大，讓自己成為受人歡迎的人。

「人心不是靠武力征服，而是靠愛和寬容大度征服的。」沒錯，我們的生命是短暫的，而倘若失去寬容，就可能讓很多事情影響了我們的心情和生活，這是不值得的。當我們面對曾經傷害自己很深的人時，應該學會原諒他。寬容既是對他人的釋懷，也是對自己的善待。

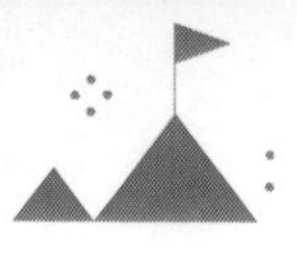

生活中，有時候我們可能會感到煩惱纏身，痛苦連連，其實這多半是因為我們缺少寬容而造成的。當我們放下怨恨、學會去寬容待人，這就會使我們的氣場變得更容易讓人靠近，更容易得到別人的尊敬。

遠離自私，學會與人分享

人是社會性的動物，任何人的生存都離不開社會。而人人的快樂與痛苦都應該學會與他人分享。分享的快樂才是真正的快樂，而沒有被分享的快樂，就不是快樂。當我們和人分享自己的快樂時，可能表面看上去你或許是損失了，其實你卻是收獲了更多。

比如，你有四個蘋果，先不要把它們全部吃掉，因為不管你自己吃了多少，其實都是一種味道，也就是蘋果的味道。可是當你拿出其他的三個分給別人吃，雖然看上去你失去了三個蘋果，可是實際上卻贏得了三個人的友誼和好感。並且，當別人有了水果的時候，也一定會和你進行分享。這樣，你就可能從這個人那裡得到一個香蕉，從那個人那裡得到一個橘子，到最後，你就可能得到好幾種不同的水果，不同的味道以及自己人生中的夥伴。

不管是金錢、資訊還是機會，那些懂得與人分享的人，往往能收獲得更多。他們的氣場永遠是健康開放的，而且能時刻散發著誘人的芬芳，從而吸引周圍的人都願意和他進行交往。所以，分享可以為一個人帶來更多的朋友，帶來更多的機會。

有一位老農夫從外地帶回了一種優良小麥種子，第一年種植後，效果顯著，產量大增。這讓他喜出望外，因為這件事讓村裡的人都認為他是種田能手。可是沒過多久他又開始變得不安起來，因為他總覺得別人會偷去他的良種，會偷去他的那份驕傲。於是，他便決定想盡辦法保密，倘若村民要兌換小麥種子，他都會通通拒絕，把這些成功的喜悅占為己有。

可是，過了幾年，他的良種居然沒有任何優勢了，變得和普通的麥子一樣。又經過了幾年，他的麥子幾乎連普通的種子也不如了。不但產量降低很多，而且蟲害也增加，他也因此蒙受了不少的損失。

於是這位老農夫便帶著自己的良種麥種去請教農科院的專家。專家得知他的經歷之後告訴他，麥子的花粉都是互相傳播的，而良種麥種的周圍都是普通的麥田，種子在傳播之間就會讓良種發生變異，從而造成品質下降。倘若當年他能將良種分享給大家，也就沒有今天的局面了。

這就是自私的下場，結果導致自食其果。現實生活中其實有許多人都會犯類似的錯誤，他們因為擔心別人分享自己的成果，於是就會處處提防小心，從而就可能讓自己陷入孤立的境地。

我們再看看另一個故事：

從前，有兩個飢餓的人得到了一位長者的恩賜：一根釣竿和一簍鮮活碩大的魚，其中，一個人要了一簍魚，另一個人要了一根釣竿，之後他們就分道揚鑣了，得到魚的人原地用乾柴點了火開始煮魚，他狼吞虎嚥，還沒有品出魚肉的鮮美就吞下肚了，轉瞬間，連魚帶湯就被他吃了個精光，不久，他便餓死在空空的魚簍旁。另一個人則提著釣竿繼續忍耐飢餓，一步步艱難的向海邊走去，可

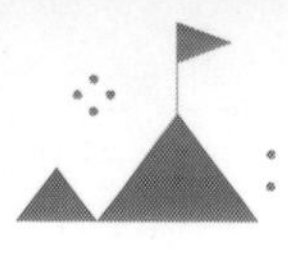

當他已經看到不遠處的那片蔚藍色的海洋時，他渾身的最後一點力氣也用完了，他也只能眼巴巴的帶著無限的遺憾撒手人寰。

又有兩個飢餓的人，他們同樣得到了長者的恩賜，一根釣竿和一簍魚，只是他們並沒有各奔東西，而是商定要一起去尋找大海，他們每次只煮一條魚，經過遙遠的跋涉，來到了海邊，從此，兩人開始了捕魚為生的日子，幾年後，他們蓋起了房子，有了各自的家庭、子女，有了自己建造的船，過上了幸福安康的生活。

同樣是具備同等條件的人，前兩個人只是一味的只顧自己，不知道要共同分享，結果誰也沒有得到好處，後兩個人懂得分享，所以過上了好日子。

廣闊的天空和相較之下比較小的天花板而言，它們的區別就在於：與人分享的叫天空，而總是獨自享受的叫天花板。在人的一生中，你究竟是希望自己擁有一個廣闊的天空呢，還是希望自己僅有幾坪的天花板呢？雖然我們獨自欣賞美景會覺得很愜意，可是能和所愛的人一起分享就會更完美；一人獨自享用美食當然暢快，可是要是能和親朋好友們一起分享，那就更是一大樂事。所以，學會與人分享，才能讓我們的人生更加豐富完美。

只要我們學會把自己最美好的東西和他人進行分享，這會讓我們的人脈更旺，也會讓自己感受到更大的幸福。「與人分享」是一種智慧，也是一筆財富。

「分享」雖然有時需要我們學會捨得和失去，可是它能給我們帶來更多的朋友和機遇，讓我們的人脈網越來越寬廣，讓我們的人脈氣場越來越散發出陣陣幽香。

熱情是增加人脈的靈魂

歲月流逝，一去不復返，可是如果我們的內心失去了熱情，那就損傷了氣場的靈魂。

若想讓自己獲得這個世界上的最高獎賞，我們就必須擁有將夢想轉化為現實的熱情。人人的氣場都具有一定的調性，它能讓人們感到不同的感受，是冷是暖，就看這個人本身是否具有一顆熱情的心。

一個心懷熱情的人，不論他是從事什麼工作，他們都會認為自己的工作是神聖不可或缺的，而且能懷著濃厚的興趣去完成它。當我們工作的時候，不論遇到什麼困難，不論需要多少努力，我們都應該以不急不躁的態度去進行。倘若人們能抱有這樣的工作態度，不管做什麼，他都能取得成功，實現自己的目標。愛默生有這樣一句話：「有史以來，沒有任何一件偉大的事業不是因為熱情而成功的。」

世界發明大王愛迪生也是一名很成功的企業總經理。他在工作的過程中能用自己巨大的工作熱情去感染員工。他本人十分崇尚實做，常常工作起來廢寢忘食，他的員工們也和他一樣，在很多時候都忘記了下班。

他們工作這麼賣力，並不單單是因為有加班費和優渥的獎勵，而更為重要的是，大家對自己的工作都拿出了很大的熱情。沒有一個人感到自己是在為老闆賣命。

愛迪生是公認的天才，可是他並沒有把自己供奉起來，他親自到生產線，在乒乒乓乓的敲打聲

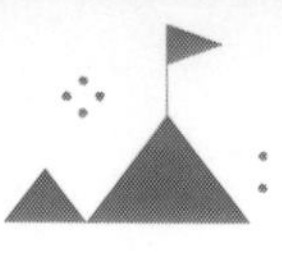

和刺耳的電鋸聲中開動自己那非凡的大腦。同時也讓工人們參與到每一項的創造發明過程中來，每個人都得到展示自己的聰明才智的機會。

他們的這股幹勁讓企業充滿生機的蓬勃發展，同時，企業發展的好形勢又加倍激勵著他們。愛迪生憑藉自然流露對工作的熱愛征服了員工。

曾經有位名人說：「隨著我年齡的增長，我領悟到了熱情是成功的祕訣。成功的人和失敗的人其實從技術、能力和智慧這些方面來看並沒有多大的差別，可是如果兩個人各方面都差不多，那麼飽含熱情之心的人將更能得償所願。雖然一個人的能力可能不足，可是他要是熱情地對待自己的工作，通常必會勝過能力高強但欠缺熱情的人。」

熱情並不只是表面功夫，它源於我們的內心，來自我們的氣場深處，若是假裝的話，也不可能持續得多久。要讓自己產生持久的熱情，可以採用的方法之一就是給自己定出一個目標，然後去努力達到這個目標，當這個目標如願以償了，我們就可再定出另一個目標，努力去完成。

通常情況下，你究竟是熱情還是不熱情，都能從你的行為上得到體現，這是隱瞞不住的。當跟他人握手時，我們要緊緊的握住對方的手說「我很榮幸能認識你」或「我很高興再見到你」。不能沒有力氣，畏畏縮縮的，那會讓人覺得這個人死氣沉沉的。我們應該每時每刻都讓熱情占據自己，消除憂鬱和自卑。

人們的內心世界經常會發生心理戰，往往占據優勢的心理會左右你的言行，同時也能影響你的一生。失去熱情，就可能讓你的心理變得自卑、消極，這些情緒可以蠶食你的生命，摧毀你的一生。

曾經有一個人總是以充滿自卑和焦慮的心態去面對生活，他對自己的事業都幾乎到了絕望的邊緣，可是在經過了心理醫生的指點之後，他開始嘗試著做出熱心的樣子，終於讓自己的事業有了起色，而且他也重新獲得了歡樂。對於自己這一段大起大落的生活，他感慨良多，他說，自己得到了一個深刻的教訓。他體會到他應該打破自己，應該去做一件大事情，那就是改造自己。讓自己重新對生活和對每一件與自己有關聯的事情產生熱情，熱心的去做每件事，讓熱情伴隨自己的生活。正是經過這樣的不斷訓練，那些沮喪、煩惱的心被趕出了他的心靈，讓他重新得到了充實的生活。

為人處世，試著去以熱情的心和他人進行交際吧，這會讓他人覺得我們可信，同時也能讓他們感受到我們對他們的尊重。於是，他人就樂意和我們交往，樂意和我們深交。從而為我們的人脈氣場增添一份力量。

展現親和力，增進吸引力

人的氣場可以產生吸引力，這種吸引力其實就是親和力。這就像微軟的員工對待比爾蓋茲一樣，當他每次出現在公司總部的時候，員工們就會從他身上感受到一股強大的吸引力，並像仰望星空那樣看著他，等候他的最新指示或希望能得到他的肯定。

毋庸質疑，比爾蓋茲與巴菲特、卡內基等影響力風靡全球的商界首腦一樣，他們都因為具

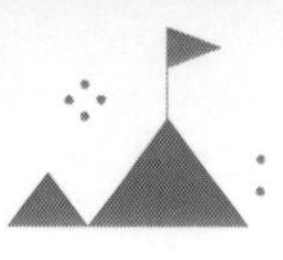

有強大的氣場，從而產生了強烈的親和力，吸引到了一大批優秀的人才，進而創立起了自己的商業帝國。

對於領導者來說，需要展示出自己氣場的魅力，用來保證自己的威望和說服力。而這種氣場需要展現出自己的親和力。因此，該怎樣提高我們的親和力就是值得思考的問題。也許，下面的這些建議可能對你有所幫助。當然你並不需要完全照搬，只要能從中吸取必要的積極點就可以了。

第一，在下屬面前保證最佳狀態

一名的優秀運動員，會在比賽前將自己的身體調整到最佳狀態；一個出色的歌手，會在正式演出前將自己的嗓音和精神狀態調整到最好的狀態；一個善於交際的領導者，在出席重要的場合時都會將自己的氣場調節到最棒的狀態。所以，倘若我們想提高自己的親和力，就應該做到，無論是出席會議，還是進行普通的社交活動、商務會談，甚至是在辦公室與下屬談話，都應該將自己認真裝扮一番，換一身整潔、得體的衣服，讓自己保持最貼切的形象出場。

第二，與下屬寒暄

寒暄這個詞，充滿了學問，很多交際高手都精於此道。可是也有不少人常敗在不及格的日常交流。領導者除了需要保持一個良好的形象之外，還應該做好與下屬的溝通工作。這是展現自己親和力的最好時機。

對女同事，我們可以微笑著點頭致意，不忘稱讚一聲「妳這件衣服真漂亮」，對男同事則要俐落些，比如「你最近精神不錯啊」。當然我們還可以表現的更生活化一些，例如：「這個桌面是你家養的拉布拉多嗎？」、「上次聽說你外婆住院，現在好些了嗎？」類似的話都會讓辦公室的整體氣氛變得更加溫馨。

第三，傾聽下屬意見時，要耐心專注

傾聽其實就是對人的一種鼓勵方式。工作過程中，有很多人都會埋怨自己的工作很辛苦，或是抱怨自己的意見和建議得不到上司的尊重。倘若領導者能在工作中常傾聽他們的談話、尊重他們的意見，這會讓下屬感到莫大的鼓舞，可以提高下屬的自信心和自尊心，同時也能加深與上司之間的感情。

在傾聽下屬的意見時，我們的態度越認真、越投入，就越容易和下屬進行溝通交流，這會讓他們發自內心的對我們產生好印象。如果在下屬講話時我們表現得漫不經心，這必然會讓下屬傷心。講話是一種藝術，聽人講話也是一門學問。領導者要善於耐心專注的傾聽，做一個「聽話」的高手。

第四，善於問候每一個人，哪怕他的職務卑微

有位名人說過：「偉大源於對待小人物上。」上司與下屬只是職務上的不同，沒有人格上的高低貴賤之分。如果領導者越是在下屬前擺架子，讓下屬服從你，那就越會被下屬看不起，他們可能會認為你是「小人得志」；而你越是對自己的下屬放下架子，越尊重他們，在他們心目中你就越顯得偉大，他們就會越喜歡你。

一位銀行的行長每次步入銀行大門的時候，都一定會問候警衛和收發室的臨時工，他表現得很

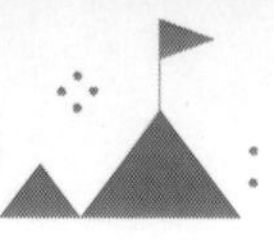

隨和，讓他們這些臨時工感到非常親切。和正職員工相比，這些臨時工本來就感到比較自卑，可是銀行行長的做法讓他們大受感動，更為重要的是，這些看似很不起眼的小事，卻大大提高了行長的威望，讓人們讚譽有加。

由這個案例我們可以看出，在工作中，領導者的親和力會讓他的氣場更有魅力、更讓人仰慕。所以，我們要時刻記住，對自己辦公室裡的任何一個人都不能忽略，就算他職務卑微，我們也要去問候他，要讓他感受到你真摯的情感。人脈氣場就是在這一點一滴中形成的。

人脈，從征服陌生人開始

談到人脈，很多人都覺得這主要是指熟人，其實，陌生人對我們的人脈也很重要。我們所認識的每位熟人在剛開始都是陌生人，來往多了，才漸漸熟悉了。

所以，要學會和陌生人打交道。只要我們能注意一些基本的技巧，使用最簡潔的方式來展示自己最好的一面，那我們就能在短時間內交到值得信賴的朋友。這就像一位推銷員將自己的產品賣給那些並不熟悉的人一樣，並不是能力上的問題，而是技巧問題。

在紐約，經常有一些留學生兼職推銷員，他們的主要工作就是把公司的產品賣到陌生人手中，以此來賺些生活費。其中有一位英文名叫做凱西的女孩，她來到美國邊打工邊進修。她所推銷的是化妝品，為了能多賺一些抽成去支付自己的學費和生活費，她為自己制定了一份很苛刻的計畫：每天在下班後至少拜訪一百名陌生客戶。

凱西每天下午六點下班，至少都要忙碌到凌晨兩點，所以每天只能睡四到五個小時。在她剛開始執行計畫的時候，同事們都對她這個「偉大」的計畫不屑一顧：「我們凱西小姐真是太不知足了，她已經是上週的銷售亞軍了，還這麼到處跑。人的精力都是有限的，她這樣做並不見得能有好的效果。」

甚至還有人說：「我看她應該直接拿出手槍，命令人們都把錢掏出來好了，沒必要這麼折磨自己！倘若是我的話，一下班我就會馬上回家，有精彩的電視節目正等著我呢！」

在最初的第一個月內，她的計畫對她沒什麼幫助，因為她只能保證每日三十瓶的平均銷量。但是從第二個月起，就開始有效果了。漸漸的，越來越多的陌生人打電話過來，詢問她那裡的化妝品細節。他們想從她這裡購買化妝品來討好自己的女朋友，因為凱西的化妝品和超市相比省去了很多成本，所以價格往往要便宜很多，可謂是物美價廉。當到了第三個月，她的生意已經非常火爆，每天的訂貨電話不斷，就像核分裂一樣，這些日子累積下來的這些潛在客戶群都開始逐一被引爆。

這讓凱西成了化妝品公司最優秀的行銷員，老闆都為她的業績感到驚訝，對她大加讚賞。她的稅後週收入曾高達二千六百美元，這個數字大大超出她自己的意料。她從沒有想到自己竟然會有如此大的工作能量，能為公司創造如此之高的收益。

凱西之所以能有如此讓人驚訝的業績，正是由於隱藏在她體內不可限量的氣場起了作用，當它完全爆發時，凱西拿出了自信，拿出了熱情，所以就表現得就像全世界最出色的業務員似的，沒有

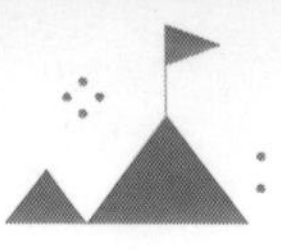

什麼人是她所不能結識到的，也沒有什麼事是她做不到的。

所以，我們要告訴那些試圖找到好方法去拓展人脈的人，對自己的要求要再高一些，要像凱西那樣每天都爭取做得再好一點，哪怕是一點點，那你也一定能做得更好！這並沒什麼困難！

其實，當一個人決定每天要新結識一百個人做自己的新朋友時，那麼他的生活將會隨之完全發生改變。為了他的目標，他就不可能每天十點以後才起床，而至少也應該在早上六點就開始準備新一天的生活；當吃過午飯之後他也不能悠閒自得的看電視或在晚上下班之後坐在電腦前玩幾個小時的遊戲。因為他要把這些時間都用來完成這一個極具挑戰性的新任務：尋找有價值的陌生人，並走進對方的生活！

由此可見，要提高我們的人脈氣場，就應該像凱西一樣去努力，對自己的目標要求得高一點，當我們的氣場征服了陌生人，那他們就成了我們人脈網中的一員，這對我們日後的工作生活都是很有裨益的。

多交際，編織交際牢固關係網

在人際交往的時候，進行一下感情的投資是必要的，你只有投資了足夠的感情，才可能獲得豐厚的回報，所以說若想廣結人緣，就必須透過做足人情來編織牢固的關係網。

在實際生活當中真正聰明的人總是會在自己力所能及的範圍內盡力去廣結人緣，雖然這種做法表面看起來可能有點傻，但其實只要我們能夠稍微用心，就一定會收到別人的回報，與別人結下深厚的友誼，從而當你遇到困難的時候才會得到他人的幫助。

我們也只有透過這樣的交流，才會結交更多的朋友，那麼你的成功將會受到更多人的幫助，你的成功道路也會走得更加順利。

在物欲橫流的今天，很多朋友都是所謂的酒肉朋友，所以人們才發出了這樣的感慨：「人生得一知己足矣。」而若想獲得真正的朋友，就需要付出，需要你學會廣結人緣。

在社會中那些處世高手都非常善於進行感情投資，因為他們懂得只要投入了一分人情，就會得到別人雙倍利息的送還。

俗話說：「人生的債務是可以還的清的，但是人情的債務是無法還清的。」所以，我們要結交朋友，就一定要做足人情。

拉第埃在剛剛上任空中巴士公司的時候，遇到的第一個非常棘手的問題就是和印度航空公司的一筆交易。

當初由於這筆生意還沒有得到印度當地政府的批准，所以這筆交易很有可能會談不成。在這種情況下，拉第埃匆忙趕到了新德里，而且還準備親自去拜訪當時談判的對手——印度航空公司的主席拉爾少將。

拉第埃在與拉爾少將會面的過程中，拉第埃對他說道：「親愛的拉爾先生，正是因為你才讓我有機會在我生日這一天又回到了自己的出生地。」之後拉第埃又向拉爾少將介紹了自己的身世。

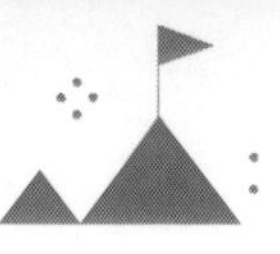

拉爾少將聽完之後非常的感動，並且挽留拉第埃一起進餐。於是拉第埃趁熱打鐵，從自己的公事包中拿出了一張照片給拉爾少將看，並且問道：「拉爾少將，您看看這個照片上的人是誰？」拉爾看完之後非常驚訝的說道：「這不是偉人甘地嗎？」、「那請您再看看旁邊的小孩是誰？」拉第埃接著問道。拉爾少將看完之後更加驚喜了，「這不是我嗎，我記得那個時候自己才三歲，就在跟隨父母離開了印度去歐洲的途中有幸與偉人甘地同乘一條船。」

當看完照片之後，拉爾少將與拉第埃的感情一下子就親近了許多，所以這筆交易也順利談成了。

當我們讀完拉第埃的故事後會發現，拉第埃的第一招就是應用了中國古代的「攻心計」。拉第埃一開始就巧妙的讚美了拉爾少將，這樣就讓拉爾少將有聽下去的興趣；而接下來拉第埃又透過介紹自己的生平經歷，進一步拉近了與拉爾少將的感情；等到最後，拉第埃透過甘地的照片完全打動了拉爾少將，從而產生了感情的共鳴。而每當我們與別人產生感情共鳴的時候，也是我們談事情的最好時機。

可以說，拉第埃這次生意之所以能夠成功，就是因為他懂得用感情來攻心，從而與對方產生共鳴，達到自己的目的。

結交朋友，在做人情方面，我們一定要看得開。當我們打算去結交別人的時候，一定要把人情做足，做人情並不是什麼愚蠢的事情，而是「放長線釣大魚」，所以，只有當人情做足了，我們才能夠廣結人緣，編織起更為牢固的人脈關係網。

十、讓人生變得更加富足

欲望可以影響你的財運

一位資深培訓師根據自己長期的工作經驗發現，他能從參加培訓的學員的外在氣質上判斷出他們將來哪個人會賺大錢，哪個人會賠錢。其實這並不奇怪，因為人的氣場就能體現出這些資訊。從人的氣場中，可以看出一個人的賺錢欲望是否強烈、頭腦是否清醒、邏輯是否清晰等，這些因素都能直接導致近期生意成敗。

生活中，能夠發大財的人總是少數，這是為什麼呢？因為這些人心無旁騖，他們的心中只有一個念頭，那就是如何去賺錢。對他們來說，因為賺錢的幹勁十足，所以他們從來都不相信自己會因為得不到什麼東西而發愁。他們的全身上下都散發著強大的財運氣場。財運氣場強大而堅定，於是便指引著他們為實現自己心中理想而努力奮鬥，這是他們獲取財富的最好動力。

要獲得財富，我們就不能忽視財富氣場的作用。首先要在內心深處牢牢的樹立對財富的嚮往和渴望，不要限制自己的思維，也不要懷疑自己的能力。相信：「我一定能賺到錢！」、「我不會窮困。」只要我們在自己的內心深處相信這些，並積極努力，終有一天，財富會槍開你家的大門。

倘若我們總是給自己的思維「下限制」，總覺得自己在茫茫宇宙之中，只不過是一粒小小的與世無爭的原子，與世界分離又微不足道，那麼，財富將很難和我們靠近。因為我們的財富氣場太弱，沒有吸引力或者說雖然有吸引力，但只不過是反面的，正面的東西將聚集不到我們身上。

不要總覺得美好事物只是少數人的專利，這種想法是錯誤的。持有這種想法的人，思想太悲觀。他們總是覺得富裕和成功是不可能公平的降臨到每個人頭上的，他們也認為有利的資源只能那些被少數的幸運者得到，這些都屬於那些頭腦最聰明、深謀遠慮、身體強健的人，假如自己想要得到這樣的機會，那可真是太渺茫了。在這種念頭的控制下，我們的財富氣場將是很空虛的。

比爾蓋茲在一次接受記者採訪的時候說過這樣的話：「當年，我沒有讀完大學，而是選擇了退學。剛開始創業的時候，我並沒有擔心錢，因為當時我還不知道自己能做什麼。可是我知道，我有無法克制的創業熱情。儘管當時有許多人不理解我為何要退學，他們覺得創業一開始還是有些困難要面對的。可是，我必須那樣做，我也喜歡那樣做。」

那麼比爾蓋茲的財運氣場是什麼呢？也許正是這種無法克制的創業熱情，這體現出了比爾蓋茲是一個具有積極主動心態的人。所以，不管怎麼樣，我們首先要將自己的心態擺正，多一份積極樂觀，少一份悲觀痛苦。

心理學家透過一系列的研究發現，一個人之所以被擊敗，並不是在於外界的環境有多困難，而往往是由於這個人對環境做出了消極的反應。當面對不利的環境時，有的人就會聽天由命，聽之任之，於是那些不良情緒就會像癌細胞一樣在他們的身體上不斷擴散，然後他們就開始抱怨社會和他人，最終讓自己陷入惡性循環。而那些心態積極健康的人，無論環境怎麼樣，他總能拿出自己的熱情，樂觀的看待一切，並且相信自己能不斷走上新臺階。雖然他們同樣也會遇到各種困難，可是，積極的態度總能讓他們在順境中意氣風發，在逆境中不屈不撓，讓他們最終成為勝利者。

總而言之，想要讓自己獲得財富，就應該先培養自己的好氣場，這是獲得財富的基礎。讓自

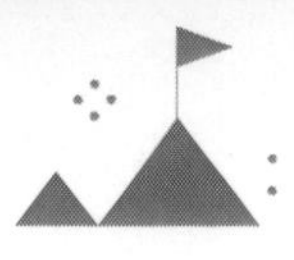

己擁有積極的心態，不要覺得財富距離自己十萬八千里，不要覺得自己只是一個無名小卒，實力不強，沒有背景。拿出你的自信，拿出你的熱情，用它們去塑造你的積極氣場，從而助你走上財富之路。

使大腦富有起來

窮人和富人的財富差距之所以會很大，氣場是造成這種差距的重要原因。在富人的眼中，從來沒有「貧窮」二字，他們一直都盯著前方，一直都在努力向上，所以，他們的財運氣場很強大。而窮人總是覺得財富和自己無關，他們不是悲觀絕望就是停滯不前，所以，他們就沒有強大的氣場。

氣場可謂是一個人成功的決定性因素，有氣場的人才會有所成就，否則即使一時得勢，將來肯定也會受到局限。所以，若想富有，就應該先讓自己的大腦富有起來，讓自己的心態富有起來，這樣就能給自己打造強大的財富氣場，讓自己學會像富人一樣思考問題。

劉志銘有一段時期因勞累過度而住院療養，那個時候他的時間很充足，只是自己除了讀書和思考之外，能做的事情並不多。但是他很喜歡思考，總能發現一些新點子。

他知道很多洗衣店會在熨好的襯衫領子下加一塊硬紙板，這樣就能防止襯衫領子變形。於是他便去了解這種硬紙板的價格，後來，他得知這種硬紙板的價格是每千張四美元的時候，他產生了這樣的想法：在硬紙板上加印廣告，再以每千張一美元的低價賣給洗衣店，這樣自己就能賺取廣告利潤。

於是，當他出院後，便立刻開始著手實施自己的計畫，並堅持每天研究、思考、規劃的習慣。當廣告推出後，劉志銘發現了這樣的現象：人們通常取回乾淨的襯衫後，就會丟掉衣領下的硬紙板。

他開始思考：「怎樣才能讓客戶保留這些紙板和上面的廣告呢？」終於，一個點子又閃過他的腦海。他在紙板的正面印上廣告，而將它的背面也進行了利用——生活中的實用偏方、主婦的美味食譜等等。

結果，這一招果然有了很好的效果。一位丈夫抱怨他們家向洗衣店支付的費用激增，沒想到原來是因為他的妻子竟然為了搜集劉志銘的食譜，總是把還很乾淨的襯衫送到洗衣店去洗！

劉志銘並未因此自滿，他野心勃勃，打算要讓自己的事業更上一層樓。他開始聯絡更多的洗衣店進行洽談合作，最終賺的盆滿缽滿。

劉志銘致富的要素既不是資本，也不是運氣和關係，當然更不是那些看起來很人羨慕的身分或地位，而是他那積極的思維方式和氣場！是他的思維方式影響了他的心態，從而促使他去行動，這些都讓他的氣場得到了提升，所以就為他創造了財富。

人的氣場是可以改變的，同樣，思維方式也可以透過學習而改變。一位名人曾經說過這樣一句話：「致富其實很簡單，找一個富人作為楷模，做他正在做的事。」不錯，我們可以找個富人做榜樣，去提升自己的氣場，提升自己的價值。

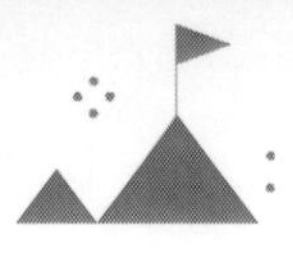

當初「股神」巴菲特對自己的投資風格和交易體系還不確定的時候，他的投資經歷和普通投資者沒什麼兩樣，他做著同樣的技術分析、打聽內幕消息，整天泡在股票交易所看股票走勢圖。

但是，他沒有停下學習的腳步，他當時跟隨價值投資大師葛拉漢學習，在一九五七年的時候，他又親自登門拜訪著名投資專家費雪，向他請教投資技巧。最後他領會了葛拉漢和費雪兩人投資體系的特長，將他們的特長融合到自己的投資中，形成了自己的投資體系。

經過在實戰中不斷的摸索，他獲取了傲人的財富。還曾一度超越比爾蓋茲，成為全球首富。巴菲特能由普通的投資者成為「股神」，他靠的就是透過向富人學習，以此來充實自己的大腦和實戰能力。向他人學習，借鑑他人的成功經驗，這也是豐富自己大腦的一個重要方法。

當然，向富人學習，做富人正在做的事，並不是說完全照搬他的模式，而是說要借鑑和學習富人的思考方式和成功經驗，將這些東西拿來充實我們的頭腦，變成自己的真才實學，提升自己的財富氣場，引導自己去拚搏，去奮鬥。

先讓自己的大腦富有，大腦一旦富有思路就更加開闊，而思路又能決定我們的出路。這就形成了良性循環，為我們的財富氣場鋪好路，漸漸我們就能讓自己的財富氣場大顯身手。

天上不會掉餡餅

賺錢的確少不了欲望，因為有了它才能有動力，但這絕不能只是想想而不付諸行動。有的人總是幻想一夜暴富，這是不可能的，天下掉餡餅的事是從來沒有的，我們還是要現實一點，從實際出發，要讓自己的財富氣場充足，那就要有了想法後付諸行動。

所以，我們在日常生活中可以從這些方面做起：

第一，要努力的工作

若想賺錢，就要努力工作。那些懶惰的人，是不會有無財運的，充足的財富氣場在他們那裡始終是找不到的。生活中也有不少人經常出入在賭場和證券市場裡，可是沒有實幹精神，不想透過自己的努力，而只想著輕輕鬆鬆就賺大錢的事在生活中並不現實。

雖說有人真的能在賭場和股票上一夜暴富，可是這樣的事情本來就是很偶然的。我們不能把它當成必然，不能在這些不勞而獲的事情上陷得太深，否則，當自己後悔的時候就已經晚了。我們從工作中獲取了薪水，雖然可能不是很多，但這是自己辛苦工作得來的，能讓我們覺得更有意義，也能促進我們更加努力的工作賺錢。

曾經有一個人說，「我小時候做過一段時間的打工，工作就是剷除屋頂的積雪。需要剷除積雪的人家不少，這是因為如果不將雪鏟掉的話，會影響房子的壽命。雖然這項工作比較危險，可是我還是堅持了下來。因為每次拿到自己辛苦賺來的錢時，我真得太感動了，那種心情簡直無法用語言表達。對我而言這些錢很有價值，他讓我對未來的生活充滿了希望，也讓我從小就知道了，透過自己的努力去賺錢才是可靠的。」

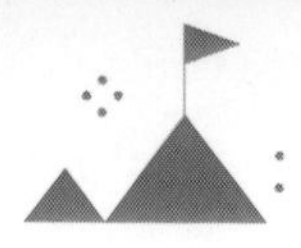

第二，心動不如行動

無論是做什麼，僅僅靠我們的想法是遠遠不夠的。要想到，還要做到。光想而不做不會讓自己的氣場更充實，充實的氣場是在不斷實踐中積澱起來的。所以，單純的心動是沒有任何意義的。賺錢需有勇氣和挑戰心，付出實際行動了才可能走上致富之路。所以，不要忘記採取行動。否則，我們就只能眼睜睜的看著大把的鈔票從我們身邊溜過，但是沒有我們的份。

對任何人來說，都不會天生就有錢，即使是世界著名的比爾蓋茲、巴菲特、李嘉誠這樣的大富豪也一樣，他們的財富都是透過自己的打拚賺來的。他們能成為大富翁，有著共同的原因：那就就行動。

其實這些舉世聞名的億萬富翁，在成功之前所擁有的條件和我們普通人是完全一樣的。所以，在起點條件都相同的情況下，能否賺到大錢就要看我們有沒有這個決心，有沒有敢於挑戰的魄力，能不能把自己的想法運用到實踐中去。

第三，要給自己制定一個賺錢目標。

我們常說成功的大小與目標的大小是成正比的，事實上，賺錢也是同樣的道理。我們可以將自己賺錢的目標稍微定高一點。對於很多人來說，要賺到一千萬元簡直一點可能性都沒有，可是我們還是要向那個目標奮鬥一下，即使賺不到一千萬，但只要自己不斷奮鬥，賺個十幾萬二十幾萬還是完全有希望的。但一旦我們將自己的目標定在一萬的話，那麼還怎麼能賺到這十幾萬、二十幾萬的錢呢？

第四，要明白越能低頭越能賺錢的道理

當年，近藤廉平剛進入三菱公司的時候，因為他出身豪門，還是日本著名的劍士，要對顧客做到恭恭敬敬的樣子，還要表現得低聲下氣，這的確對他來說有很大的困難。

於是時任三菱董事長的岩崎就拿著一把貼滿鈔票的扇子給了他，並說：「我們生意人，就要懂得賺錢。和氣生財嘛，越能低頭的人也就越會賺錢。雖然笑臉迎人有點低聲下氣的感覺，可是這能賺錢啊。所以當你要對人低頭時，不妨把他看作是一堆鈔票，你一低頭，它就會飛進你的口袋。這樣一來，你就不會感到向人低頭的時候自己難以忍受了。」

岩崎的話告訴我們，要讓自己的財富氣場富足，還應該學會低頭，必要的時候不妨低低頭，能屈能伸才能笑傲財富氣場，才能讓自己的強大氣場吸引來巨大的財富。

我們不妨把上面所講的這些方面在實際生活中試試，它能讓我們輕鬆建立財富氣場，讓我們的財源滾滾來。

抓住財富的源頭

在很多人眼裡，生存競爭和弱肉強食是普遍的商業規律，而且他們也很認同：「競爭是貿易的生命」這句話。其實，我們若想不受貧困所累，就要認識到自身的局限性，同時也要緊緊抓住那個能為我們提供財富的源頭。

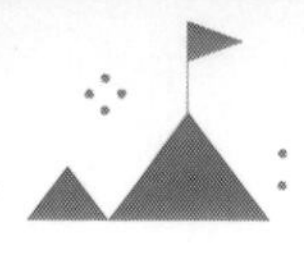

就好像小孩被迫與媽媽分離會產生恐慌和畏懼心理一樣，當人們意識到自己財運氣場的比較弱的時候，同樣會感到惶恐或畏懼。那麼，是什麼讓我們的氣場和財富絕緣了呢？其實正是我們的錯誤觀念。

許多人終其一生也只能和財富擦肩而過，這 是因為他們從內心深處充滿了對成就和財富的懷疑、擔心和恐懼。於是，他們自己就將通往財富的大門關上了。讓我們想想，一顆被狹隘、質疑和悲觀所占據的心靈，還怎麼可能營造出富足的財運氣場呢？富足是精神活力的產物。當我們的心中充滿懷疑和擔心，自身的精神意志和能量就會被削弱，從而讓自己陷入消極、沉淪的漩渦之中，這會將富足與繁榮都拒之於門外。這樣消極的精神狀態和財富是沒有絲毫的正面關係的，當然也就不可能將財富吸引到我們的生命中來，自然也就無法形成強勢的財富氣場。

其實人人都不願意遠離財富和機遇，可是又一直對這些充滿了懷疑和膽怯，缺乏勇於追求的自信心。恰恰是這種消極的情緒逐漸操控了我們的內心，於是便潛移默化的讓我們離成功的人生越來越遠。也正是對財富的懷疑和恐懼，才讓不少人都成了財運氣場弱的人。

倘若我們的精神狀態不夠穩健，那就很難形成穩定的財富氣場，當然就很難把財富吸引到我們的身邊來。其實，我們人生的高度，往往是由於自身的設限而決定的，而自身設限也總是存在於我們自身的精神之內。這個世界給我們所提供的東西很充足，只是我們想要的東西並不是太多，而是太少，因為我們沒有信心，因為充滿了懷疑和恐懼，於是就缺乏財運氣場，所以我們在富足的資源面前，就會變得畏首畏尾。其實富裕的生活就在我們前方不遠處向我們招手，只要我們不斷前進就能到達，可是我們卻由於種種疑慮而不敢前進。

事實上，沒有哪個人命中注定就是窮人。可是我們對自己的輕視和不自信讓我們變成了窮人，只要我們對自己充滿了信心，帶著強大的財富氣場去生活中奮鬥，才有可能有美好的前途；倘若一個人以種種藉口拒不願意相信這些正確道理，那他的生活恐怕會面臨更多的困難。

全身洋溢著財運氣場，可以為我們吸引和創造很多有利的東西。

雪娟是一個樂觀的人，她總是保持著對身邊事物的感恩，還特別善於發現生活的價值，而且她相信自己有朝一日會過上富足的生活。從她的眼中看來，事無大小，皆不普通，就算她所從事著最平凡的工作，她都覺得非常的有意義。在做事的時候，她不驕不躁，也不猶猶豫豫。她的生活充滿了陽光和快樂。

後來，她成立了一家公司，開始了創業的旅途。憑藉著自己的樂觀和信心，憑藉著對事業的熱忱努力，公司的產品獲得了消費者的青睞，銷量很好，生意越來越好，公司規模也越來越大。

如此積極的心態和樂觀的處事方式，首先造就了她那充足的財富氣場，最後雪娟擁有了巨大的財富。

所以，倘若我們的眼睛和心靈充滿了對貧困和匱乏的擔憂，就不可能成為財富的擁有者。若想讓自己擁有財富，首先要有財富的氣場。

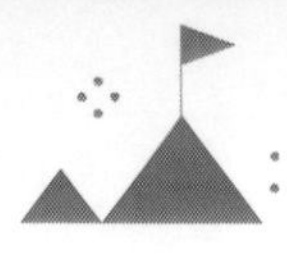

強烈的關注財富，你就會吸引財富

當今社會，物欲橫流，金錢或財富總是人們非常關心的話題。有人說金錢是「萬惡之源」，有人說金錢是「幸福的必要條件」。無論什麼樣的觀點，人們對金錢始終都是嚮往的，對財富始終都是渴望的。

我們對財富的關注狀態是影響財富情況的重要因素，因為它能影響我們的吸引力，影響我們的氣場。倘若人們能夠成功掌控影響財富的因素，那就能輕鬆的吸引財富，累積財富。倘若我們多關注一些有關金錢或財富的人或事，同時也確信自己有資格、有能力獲得財富，那麼，充足的財富氣場就會讓我們的財富滾滾而來，從而帶動我們的生活走向積極發展的道路。

下面我們看看這個故事：

丹尼爾在四十歲的時候打算賣報賺錢，因為他已經失業很久了。經過了認真的思考和挑選，他把自己的目標選定在了當地的一家火車站。可是，這個火車站內已經有兩個固定的賣報亭了，而且生意並不好。

這時，丹尼爾的妻子勸他放棄這個念頭。可是丹尼爾卻不同意。他對妻子說：「相信我吧！我一定能取得成功的。」他不僅僅是說說而已，心裡也充滿希望和堅定的信念。他知道追求財富的願望不能只停留在嘴上和心裡，而一定要付出實際行動，可是如果不做任何準備就直接進火車站內賣報的話，可能會馬上被人家趕出來。於是，他就先從火車站內的管理員著手，每天免費為他們送幾份報紙。時間一長，彼此之間就熟悉了。後來，丹尼爾以朋友的身分向管理員們講述了自己窘迫的生活，引起了管理員的同情。於是，火車站管理員便同意他在車站內賣報。

因為同車站內賣報紙的還有另外兩家，他覺得這樣競爭起來誰都得不到多少利益，於是丹尼爾便決定不擺攤，帶上報紙到人群和車廂中去販賣。同時，丹尼爾還憑藉自己和車站管理員的良好關係，讓妻子在車站擺攤賣飲料。飲料價格的確是比車站外貴一點，可是這對出入火車站的人而言，還是很方便的，所以人們就會購買。看上去他們的收入微薄，但是生意很好，足以讓二人衣食無憂了。

過了大約一年的時間，之前那兩個賣報紙的人打算不在車站賣報了，於是便打算將他們的報亭轉讓給丹尼爾。當時，丹尼爾的妻子勸阻他說：「他們轉讓給我們就是因為效益不好，所以不做了，可是你為什麼還要接手呢？」丹尼爾笑著對妻子說：「我覺得到財富正在向我們招手，相信我吧！」

於是，丹尼爾便接手了這兩個報亭，而且還擴大了自己的經營範圍，賣一些暢銷雜誌、書籍、小玩具、小飾品等等，生意逐漸走上了快車道，收益也越來越大。

後來，一家飲料公司發現丹尼爾的報亭地理位置很好，而且每天的銷量都很好，於是便將他們的海報張貼到了丹尼爾的報亭裡，同時還為他們安置了冰箱。於是，變得漂亮醒目的報亭不但能獲得一些宣傳費，而且還增加了賣飲料的收入。

這幾個小小的報亭，讓他們夫妻的月收入達到了二萬美金以上。現在，他們的生意如日中天，

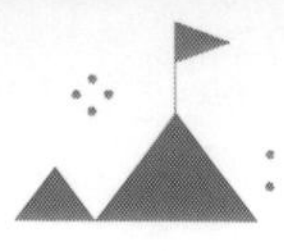

生活幸福美滿。

其實，財富往往就在我們身邊，我們關注它，同時相信自己能獲得它，那財富就會被我們的氣場吸引過來。就像丹尼爾從在車上賣報紙開始，吸引來兩個報刊亭的經營權，後來又吸引來飲料公司的關注。他的財富之路不會就此停住，將來還會吸引來更多更大的財富。丹尼爾的創業成功源於他對財富的關注和信念，從而讓他的財富氣場越來越有魅力，於是便為他吸引來了更多的財富。丹尼爾的事蹟告訴我們「關注財富，就會讓財富氣場更強大，從而為自己吸引財富」的道理。

人是創造財富的主體，當我們強烈關注財富的時候，我們的財富氣場就能更加壯大，從而產生更加強大的吸引力，讓更多的財富向我們聚集。

摒除心中那些負面的「財富觀」

這個世界上，有人富甲一方，有人卻需要政府的救助才能勉強維持生活。也許，很多人可能會有這樣的疑問：「為什麼別人能成有錢人，而我費了這麼大的氣力怎麼還是無法翻身？到底是物質、精神，還是心理方面的因素阻礙我的致富之路呢？」

其實，我們也不必因此而迷茫，可能一個錯誤的觀念就能阻礙我們的致富。一個根深蒂固的財富觀往往會塑造一個人的生活方式，而錯誤的財富觀則常常會讓本該屬於我們的財富不翼而飛。

我們肯定都知道「條條道路通羅馬」這句話吧，而在當今社會，也演變出了「條條道路通財富」

這句話。這告訴我們，商機無處不在，財富無處不在。可是追求財富心切的我們，反而變得浮躁起來，於是，錯誤的財富觀便鑽了我們思想的漏洞，成了阻礙我們追求財富的絆腳石。

我們該如何搬走致富路上的絆腳石呢？我們可以將下面的幾個負面「財富觀」和自身進行對比，看看自己是否也存在這些問題，然後及時糾正錯誤觀念，奔上致富的快車道。

負面「財富觀」一：金錢不會帶來幸福

這個觀點肯定是世界上最荒謬的言論！金錢既不是魔鬼，也不是萬惡之源。它是為人們服務的一種工具，它的好壞主要取決於我們的使用方式。倘若你懂得用金錢讓父母安度晚年，用金錢讓自己所愛之人過上舒適的生活，用金錢讓自己的孩子享受良好的教育，那麼，金錢絕對是你生命中不可或缺的朋友。

金錢能讓我們的物質生活和精神生活水準得到提高，能讓我們盡情的享受人生樂趣的同時，給我們帶來一種安全感。當然，擁有金錢，不一定能保證你生活就很幸福，可是，沒有金錢，你的生活肯定會有不少遺憾和缺失。

負面「財富觀」二：財富來自於對他人的剝削

財富的累積並不能簡單的看成是剝削，我們以股票投資為例：當一方買入股票時，對於賣方的真實身分他並不知道，所以並未產生剝削對方的行為。一般來說，賣方覺得股價將要下跌的時候或是確定已經有足夠獲利的時候才將自己的股票賣出。而買方則會在股價即將攀升時才決定買入。雙方都根據自己的不同需求而促成交易，沒有任何一方受到剝削。

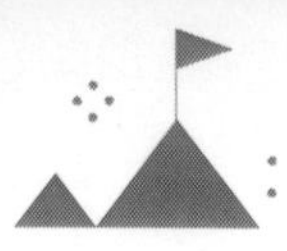

負面「財富觀」三：致富需要花很多時間

追求財富就好比種樹，只有給樹木留下充足的成長時間，它才能結出財富的果實，任何事情都會有個過程。所以，我們不要認為要致富可能會花自己幾十年或一輩子的時間。其實，大多數人都能在幾年內賺得讓自己過得充裕的財富。我們必須付出時間去主動追求財富。

你的思維方式能左右你面對金錢的態度和處置金錢的行為，這也就決定了你走向的是富裕之路或是貧窮之路。

負面「財富觀」四：只要有好工作就能致富

也許，父母曾經對你說過「一定要好好讀書，這樣你才找到好工作」等類似的話。很多父母對自己的孩子都有這樣的叮嚀和期盼。好工作的確能讓我們每個月都有穩定的收入，讓我們有安全感，可是倘若我們要變成有錢人，僅僅依靠工作恐怕是比較困難的。當你去翻翻那些財經方面的報刊雜誌就會發現，那些財富的巨人們可不是靠著每天規規矩矩上班而致富的。

當然，我們也不是說安分的工作就無法致富。雖然說人們很難依靠一份死薪資走上致富之路，但如果你能在工作中充分發揮自己的能力優勢，那麼，工作就是你第一個財富泉源。只要能充分利用好工作和自身能力這兩項重要資產，你也能走向致富之路。

如今，雖然人人都在追求屬於自己的財富，可並不是人人都能正確的理解財富並擁有正確的財富觀。巴菲特曾對自己的子女們說：「想過超級富翁的生活？不要指望你老爸！要記住，財富永遠都是依靠自己的雙手賺來的。」

雖然不可能每個人都能成為千萬富翁，雖然不可能每個人都能成為世界首富，但只要你的財富觀正確，並能將它和自己的行動結合起來，那就能讓自己的財富氣場越來越強，從而走上致富之路。

依靠你的喜好去賺錢

當我們離開校園而步入社會，其實最安全、最可靠的成功之道就是應該選擇自己愛好的工作。這個道理當然很簡單，可是很多時候，由於種種條件的限制，往往事與願違。

志彬今年大學剛剛畢業，父母便為他找到了一份待遇優厚的工作。因為企業好，待遇高，所以剛開始工作時，朋友們都特別羨慕他。可是，沒想到過了三年，他卻決定要辭職了，說什麼也不肯再做這份工作。父母和親友們都勸他別衝動，這麼好的公司和工作，倘若不做了肯定會後悔的，可是他最終還是交了辭職報告，離開了公司。

後來，在一次大學同學的聚會上，很多同學都問志彬為什麼要辭職。他只是淡淡一笑，然後說：「大家都不知實情，這份工作當然好，可是我並不喜歡，所以就提不起興趣。」

「那你打算接下來做什麼呢？」同學們接著又問。志彬臉上的表情有些興奮，他說：「我想去學廣告設計，雖然這不是我的專業，可是我很感興趣，我有信心去學習，這才是最重要的。」

志彬的父母為他安排好了工作，可是志彬並不喜歡，最終辭職。這就告訴我們，工作還是要從

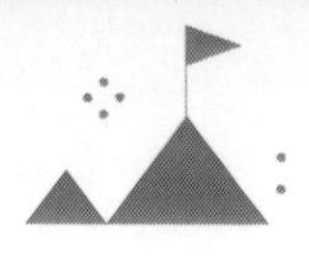

自己的興趣入手比較好。因為有興趣就有上進的動力，這能讓我們把工作盡力做好。

人人都有自己的一些特質和特長，倘若從事自己愛好的工作，那就能讓自己的特質和特長得到很好的發揮，相對而言比較容易取得成功。比如，有兩個人，他們當中的一個人對機械方面的東西很感興趣，而另一個人則恰好相反，很厭惡機械類的工作。倘若讓這兩個人同時進行機械製造，那麼，我們當然很快就會觀察到前者能做出精巧的裝置，能輕鬆操作某個極其複雜的機械，而且工作效率也很高；而後者則可能會表現出一副煩躁的表情，而且還做不出成果來。所以，兩者相比之下，前者則更適合在機械事業上發展，也更容易取得成就，賺取更多的錢。

一位叫莎拉的太太，有四個兒子。在他們小時候，莎拉就為他們做好了規劃，她覺得應該讓自己的四個兒子應該分別從事這些工作：大兒子傑克去當一名軍人；二兒子洛基去做一個律師；三兒子格米去當一名醫生；小兒子曼德去做一個生意人。

可是，他的四個兒子都沒有按母親為他們設計的路去走，而是都選擇了自己的發展方式。莎拉在和一位十多年沒有見的朋友碰面時，她們聊到了莎拉兒子的情況。莎拉說：「當兒子們都先後長大了，他們開始給自己規劃未來的道路了。有一天，我的大兒子傑克跑過來對我說，他很看好煉金這個產業的前景，想做個金匠。當時，我就覺得自己年輕時的想法太不現實了，於是我默許了他的選擇。後來，二兒子和他的兩個弟弟都先後向我報告了他們希望從事的職業，我也都答應了他們的選擇。」、「那他們現在發展的怎麼樣呢？」朋友好奇的問道。莎拉太太又回答說：「無論怎樣，只要他們都喜歡自己所選的工作就行了。」後來，莎拉太太的那位朋友得知，莎拉的四個兒子都很有出息，都在他們所從事的行業中成了頂尖人士，生意都越做越大。

很顯然，莎拉太太的明智決定改變了她的四個孩子的一生。我們可以想想看，倘若當初她沒有同意大兒子的傑克的選擇，而堅持讓他去參軍，傑克可能會記恨她的；而且傑克很有可能會成為一個意志消沉的逃兵。因為他對這根本就沒有興趣，既然不是他心甘情願的事情，他能做出什麼成績呢？相反的，正是由於莎拉太太的開明與智慧，同意了讓自己的兒子去選擇他們各自喜歡的工作，這讓他們有了大展拳腳的機會。

生活中，相信很多數人都能找到自己正確的興趣愛好，可是，也有不少人弄錯了他們的職業，從醫生到律師、從司機到辦公室祕書，很多人對自己目前所從事的職業並沒有興趣，也許，那些我們經常看到的醫生、律師，可能他們對工匠或畫家的職業感興趣……

你是否也像他們一樣選錯職業了呢？那麼現在請你思考一下自己的興趣愛好，然後去尋找最能展示你才華的事業吧，因為人生的財富氣場在自己有興趣的工作中才能得到更好的發揮和展示。

對財富的渴望越堅定，發財的速度就越快

通常，我們都說一個人若想成功，就離不開努力、毅力等這些因素。事實上，信念對我們的成功也有著很大的積極作用。當我們對自己的未來和所從事的事業充滿了堅定的信念，那麼就能用它推動我們去採取積極的行動，進而才能取得成功，賺到更多的財富。

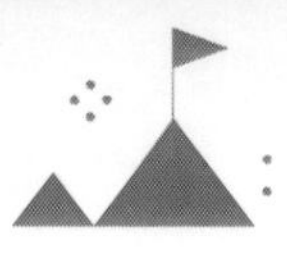

信念是就像春雨，滋潤著人們的心田。當我們遇到各種挫折和失敗的時候，信念就會發揮出他的作用，幫助我們保持心態平衡，積極面對，同時又能慰藉我們的心靈，讓我們重新振作。

古時候，日本有一種計時器叫沙漏，它是以流沙從一個容器漏到另一個容器的數量來計量時間的。這個很不起眼的東西，可是有一名叫西村金助的人看好了它的市場前景，結果，他成了當地赫赫有名的富翁。

當初的西村金助很窮，可是他一直懷有自己能成為富翁的信念。在生活中處處留心，頑強進取，就是當自己面臨狼狽的現狀時他也不沮喪、不氣餒。

一次偶然的機會，西村金助從一個舊貨攤上發現了一個沙漏，他當時就對這東西產生了濃厚的興趣。他覺得這個東西有很大的商機，於是便借錢開了一個小沙漏的生產工廠。

可是，產品上市後並沒有得到他想像之中的好銷量，因為作為玩具，它並沒有什麼地方能吸引小孩，自然銷量就很小，漸漸的，沙漏的需求量越來越少，直至西村金助不得不停產。可是，西村金助還是沒有完全放棄對沙漏的希望，他相信自己沒有看錯，也相信現在遇到的困難自己最終都能夠戰勝。

在接下來的時間裡，西村金助又過上了自己平靜的生活，看看球賽、讀讀報紙，外出遊玩，可是，對於沙漏事業的思考他一直沒有停止過。

在一次看書的時候，他無意間看到了這樣一句話：「馬在現代社會生活中早已失去了牠原本所具有的運輸功能，而是以高娛樂價值的面貌出現。」這句話，只有短短幾十個字，卻讓西村金助感到振奮不已，他彷彿覺得上帝在跟他說：「你沒有看錯，再堅持下去，你就會發現沙漏的潛力。」所以，他認為既然賽馬比運貨的馬值錢，那他也一定可以找出沙漏的新用途！

從書上看到的那句話，讓他對沙漏事業的信心更加充足了。終於有一天，他產生了一個很奇特的想法：為何不用沙漏的計時功能來控制人們打電話的時間呢?可以設計一個時限為三分鐘的沙漏，並把它裝在電話機旁，當沙子完全漏完的時候，就證明打電話已經三分鐘了，用它給人們做出提醒，這樣打長途電話時就不會超過三分鐘，便能有效控制電話費了。

於是，西村金助便開始著手製作新沙漏。在平時，沙漏可以當作裝飾品，當人們看到細沙逐漸落下的時候，就可以很好的調整自己緊張的生活狀態。而在打電話的時候，就可以有效的控制通話時間，而且售價也很便宜，那些擔心電話費支出的人這回就可以很好的控制自己打電話的時間了。

新沙漏一上市，銷量很不錯，平均每月的銷量就達到了三萬多個。而且很快，他那瀕臨倒閉的小工廠就變成了一個大企業，他也由一個窮人變成了腰纏萬貫的富豪。

西村金助的成功，離不開他那堅定的信念。他對自己的可以致富的信念堅定不移，遇到困難沒有退縮，最終變成了富翁。所以，我們也要保持堅定的致富信念，相信自己有能力創富，而且我們的信念越堅定，我們致富的速度就會越快。

人生途中，那些高舉信念旗幟的人總能在艱難困苦面前表現得無所畏懼，衝勁十足；而那些沒有信念的人就只能整天過著渾渾噩噩、迷迷糊糊的日子，遇到困難，他們也只會怕這怕那，所以就看不到光明，也感受不到人生的幸福與快樂。

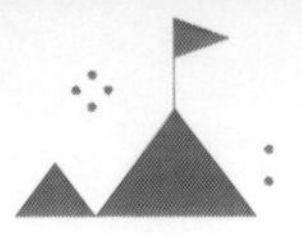

有的人在經歷了失敗之後就會降低自己對成功的標準，或是抱怨命運對自己不公，或懷疑自己的能力不夠。這些跡象表明，他們的信念已經開始產生動搖。信念不堅定，只會讓財富離自己越來越遠，讓自己的成功變得遙不可及。其實人人都渴望財富，可是若沒有堅定的信念，再美好的憧憬也只能是海市蜃樓。

所以我們要相信自己，要堅定我們的信念，這樣，財富才會在我們的氣場力的吸引下，離我們越來越近。

十一、擁抱美好的人生

喚醒自己對成功的強烈欲望

如果一個人想創造財富，想做出自己的事業，那麼他首先就必須喚醒自己的「成功欲」。我們可以說，倘若一個人沒有成功的欲望，那他就不可能取得成功。

在現實生活中，當人們對成功的欲望有多強烈，那麼最終爆發出的力量就會有多大。也就是說：我們的欲望有多大，那麼我們就能戰勝多麼大的困難；我們的欲望有多大，我們就能打敗多麼強大的敵人。倘若一個人對成功的欲望強大到可以改變命運的時候，那麼，一切困難和挫折都會為他的成功欲望讓路。

欲望能啟動我們的生命，拓展我們的思維，進而推動我們的創造力。擁有成功的欲望，這就能讓我們去擁抱自己的夢想，激勵我們為了實現夢想而奮鬥和拚搏。而倘若一個人心中沒有成功的欲望，那麼他就可能失去前進的動力。因為人沒有目標，就像鳥沒有翅膀一樣，不知道自己應該做什麼。所以他就可能去盲目的追求一些自己並不需要的東西。這樣的人生有什麼意義呢？。

在現實生活中，有很多領導者、企業家正是因為有著強烈的成功欲望，所以他們最終成了人生博弈中的贏家。

亨利．福特是美國著名的汽車工程師和企業家，福特汽車公司的創始人。同時，他還是世界上第一位將流水線引進汽車生產領域的人。

福特從小就對機械很感興趣，在十二歲的時候就為自己建立了一個機械工坊，十五歲時便親手打造了一臺內燃機。後來，他便產生了這樣一個夢想：用汽油作為動力發明新型的非蒸汽動力汽車。從當時的情況來看，這幾乎就是一個不可能實現的目標。可是福特卻十分堅信自己的這個夢想，而且很注重實際行動。由於有這個夢想，所以福特對成功產生了強烈的欲望，他當時計劃用十年時間讓這個夢想成為現實。

福特在十六歲的時候便背井離鄉，來到了美國的大工業城市底特律，在那裡找了一家汽車生產工廠做機械學徒。從這裡，他學習了很多有用的機械知識，也累積不少經驗。當他的技能得到了一定的提升之後，他便在每天下班後就開始進行新型汽車的研發工作。皇天不負有心人，當福特二十九歲的時候，以汽油作為燃料的汽車終於誕生了。

在一個新聞發布會上，有記者問福特成功的祕訣是什麼？他想了片刻答道：「可能是我對成功有強烈的欲望，所以才造就了我的成功吧！」

對於自己所取得的成績，福特並沒有感到滿足，他不斷對自己提出新要求，這樣就讓自己對成功的欲望變得更加強烈了。

一九〇三年，福特和其他的一些投資者集資二點八萬美元成立了福特汽車公司。沒過多久，他就設計出了一款只用三十九點四秒就能行駛一英哩路程的汽車。這在那個年代，可是汽車中的超高速。這輛車的問世，讓福特在美國名聲大振。如今，福特汽車公司已經是世界上的超級跨國公司，同時也是世界汽車企業的巨頭之一。

當福特去世，舉行葬禮的那一天，美國的汽車業界為了紀念他為汽車界做出的巨大貢獻，所有

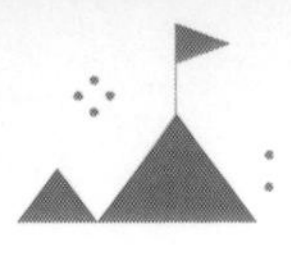

的汽車生產線統一停工一分鐘。在他去世半個世紀後，《財星》雜誌追授他為「二十世紀最偉大的企業家」；在《富比士》「有史以來最有影響力的二十位企業家」中，他的名字位居榜首。

可以說，福特對成功的欲望改寫了人類的汽車史，為汽車業的發展寫下了光輝的一頁，同時也為他的人生造就了耀眼的光芒。

人若想取得成功，就必須具備始終不渝的奮鬥精神，而這種精神力量的強弱則來源於他對成功欲望的大小。倘若喚醒了一個人對成功的欲望，那就等於挖掘出了他生命中所埋藏的最巨大的能量。

有強烈的成功欲，並在艱苦奮鬥之中去實現它，這就是一個人尋找自我和超越自我的結果。欲望就是我們內心深處沉睡的巨人，一旦喚醒它，他就能賜予我們巨大的能量，讓我們動力十足的闊步向前。

不要總是羨慕，激勵才能為人生增添光彩

面對那些富有和成功的人，很多人總是充滿了羨慕和嫉妒，總是想像著有一天自己也能取得像這些人一樣的傲人成績。可是，很多年過後，依然有不少人當初的那些想法還停留在想像階段，原因何在？

事實上，人人都擁有成功致富的潛能，人人都可以讓自己的生活更美好，可是，倘若我們不用

心去做，不去激勵自己，那就不會產生積極的氣場，沒有積極的氣場就吸引不來美好積極的事物，於是我們就可能一直停留在羨慕嫉妒恨的狀態中。

我們不要去嫉妒別人的命有多麼好，也不要總是讓自己的夢想停留在想像狀態，首先要相信自己會富有，相信自己會擁有美好的生活，接下來就是努力去做了，以實際行動充實自己的氣場，時時刻刻都不要忘記為自己吶喊加油，這樣，我們很快就會發現那些原本看似遙不可及的其實並沒有想像之中的那麼難。

羨慕別人當然是很正常的，人人都有羨慕之心。事實上透過羨慕我們可以發現自己的差距，找到自己努力的參照標的，或者當我們失望的時候讓我們找到重新崛起的動力。但是，我們不能總是一味的羨慕而沒有實際行動。古語云：「臨淵羨魚，不如退而結網」。對我們而言，與其在那裡浪費時間對自己的人生目標苦思、渴望或抱怨，那還不如提升自身的素養，發揮出自己的氣場能量，在實際行動中讓自己變強。

法國的大文豪大仲馬先生有很高的文學造詣，同時，他的兒子小仲馬也是法國文壇上一顆耀眼的金星。

有一次，大仲馬得知兒子寄出的稿子總是被退回，於是他就告訴兒子說，你可以試試在寄稿時隨稿給編輯附上「我是大仲馬的兒子」這句話，說不定情況就會好多了。

可是，小仲馬並沒有接受父親的建議，他認為，倘若自己這樣做，實力就得不到提高，而且那樣對自己並沒有大多的好處。

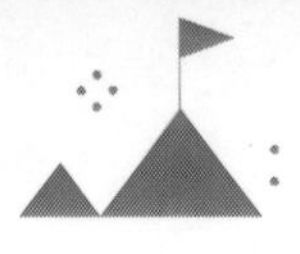

年輕的小仲馬沒有以父親的名氣來開拓自己的事業，而且他還不露聲色的給自己取了十幾個筆名，他這樣做就是為了防止編輯們把他和大名鼎鼎的父親關聯起來。

作品一次次的被退稿，可是小仲馬沒有沮喪，他還是堅持創作。

當他把長篇小說《茶花女》寄出後，終於獲得了佳音。這部作品構思絕妙，文筆精彩，讓一位資深編輯深受打動。這位編輯和大仲馬有多年的書信往來，當他看到這份稿件的地址和著名作家大仲馬的絲毫不差，他懷疑可能是大仲馬另取了筆名，可是作品的風格卻和大仲馬從前的截然不同。於是，在這種興奮和疑問的驅使下，這位資深編輯便迫不及待的乘車去造訪大仲馬家。

結果讓他沒有想到的是，寫出《茶花女》這部偉大的作品的，竟然是大仲馬的兒子小仲馬，一個名不見經傳的年輕人。

「那您怎麼不在稿子上署您的真實姓名呢？」編輯很疑惑的問小仲馬。

「我只想讓自己擁有真實的高度。」小仲馬答道。

這位編輯聽了小仲馬的話，讚嘆不已。

當《茶花女》出版上市後，當時法國的很多著名書評家都認為這部作品的價值大大超越了大仲馬的代表作《基督山伯爵》，從此，小仲馬的名氣開始名揚天下。

雖然有父親的成就可以給他帶來幫助，可是小仲馬並沒有那麼做。父親的成功始終是父親的，他並沒有羨慕，而是用自己的氣場打造了一片天地，為自己開拓了人生之路。

羨慕別人的成就可以，可是我們更要懂得打造屬於自己的氣場。要學會為自己鼓掌，要尊重自己的價值，從而讓自己在無情的競爭中得到一份鼓勵和溫情。

也許，你是一隻煅燒失敗、剛一出爐就被冷落的瓷器，沒有凝脂般的釉色，也沒有做工精細的花紋，人人看了都不會將你藏於香閣，可是，當你摒棄了雜質，由一堆泥土變成一件瓷器的時候，你的生命就已經在烈火中展示出了光彩，你就要為此而感到欣慰。

人人都是生活的導演，自己的生活都是自己編導出來的，也是自己演出來的。總是羡慕他人而不激勵自己，那我們就會把自己的生活演得沒有活力，沒有生機。而激勵自己能讓我們的氣場會更加積極向上，這樣，我們的生活也就會更精彩。

用最優勢彌補最劣勢

你是否了解什麼是「水桶理論」？這個概念就是說，一個水桶到底能盛多少水，其決定因素並不取是桶壁上最長的那塊木塊，而是桶壁上最短的那塊木板。其實，這個理論的應用範圍很廣，對於我們個人而言，水桶理論就提醒我們，要更清楚的認識到自身的弱勢加以彌補，應該注重個人的全面發展。

可是，在「水桶理論」的指導下我們會很容易忽略自身的特長。因為人們都把自己的精力放在了去尋找並彌補自身缺點這個方面。當發現了自身的「缺點」後，人們就專注於改進這個「缺點」，拚命的將自己的時間、精力和金錢投人到其中進行彌補。為了彌補這些缺點，費盡了心思，但是結

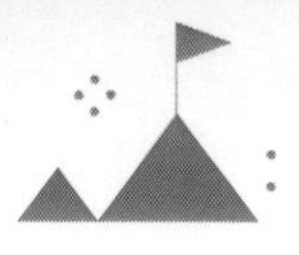

果往往事與願違，不但沒有把自己的「缺點」變長處，還把原來的「長處」也變成了「缺點」。事實上，若想讓自己變得更優秀，我們就應該學會去用最優勢彌補最劣勢，一個人要保持氣場，也是同樣的道理。

力鵬在一家大型公司做主管，其實他做得很好。可是不久，新來了一位副主管，這位副主管從一開始就表現出咄咄逼人的氣勢，在力鵬看來，這位副主管是想和他競爭主管的位置。所以，這讓他感到了一種無形的壓力。

為了保持和鞏固自己的主管職位，力鵬便決定給自己充電。於是他選擇了學習電腦知識，甚至連編寫程式都納入了他的學習範圍，與此同時，他還學習英語。這樣一來，投入了不少的時間，可是畢竟精力有限，對於程式設計剛剛入了門，而英語，也是剛能用簡單的語言和人對話的程度，就在這個時候，已經明顯失去優勢的力鵬被對手取代了。

力鵬最大的失誤之處就是沒有把自己的優勢得到充分發揮。他能做到主管這個位置上，說明他的能力並不差，說明他有自己的優勢。可是，他並沒有意識到這一點，卻一味的把自己的大量精力都投入到彌補「缺點」上。結果，知識面的確是變廣泛了，可是對自己目前的工作並沒有多大的幫助，而且新學到的這些只是了解了一些皮毛而已，廣而不精，算不上是自己的優勢。

金無足赤，人無完人。想必這樣的道理我們每個人都知道。所以，對於任何人而言，他都有自己的優勢和劣勢，對於水桶理論，我們也要學會去辯證的去看待。

世界著名心理學家克利夫頓曾說：「判斷一個人是不是成功，最主要是看他是否最大限度的發揮了自己的優勢。」所以，我們在生活中也應該注意這方面。在修煉我們的氣場時，不要對於自己的不足之處糾纏不放，當我們將自己的優勢發揮到極致的時候，你的劣勢就會被人們會自動忽略。

美國蘋果公司前任總裁史蒂夫．賈伯斯就是這樣的一個典型。雖然他的行事風格比較專橫，脾氣又暴躁，設計師的方案倘若沒有讓他感到滿意，那就是有再好的創意也得重新設計。的確，這些都是他的「缺點」，可是，這些缺點的存在並沒有埋沒他的成就。

當他一九九七年重返蘋果公司後，面對的是一個爛攤子：蘋果的股票下跌，產品積壓，市場占有率急劇下滑，公司嚴重虧損乃至於到了瀕臨倒閉的邊緣。

臨危受命，賈伯斯進行了大刀闊斧的改革，在他的主導下砍掉了公司多達三百五十種的產品，最終只保留了十種；在進行蘋果手機設計的時候，他主張將手機所有的物理按鍵全部去掉，而用一塊觸控大螢幕將其取代；在宣傳自己的新產品時，他總是要求只將唯一的一款產品放在網站首頁上突出展示……

近年來，蘋果推出的新產品蘋果手機和平板電腦獲得了消費者的熱烈歡迎，產品在市場上引起了巨大的轟動，蘋果的颶風席捲全球。

而且，賈伯斯還讓蘋果公司的市值超越了百年老牌的美孚石油公司，成為世界上產值最高的公司。

這一切，讓人們想到的是賈伯斯的智慧和眼光，以及他那對於事業孜孜不倦的追求態度。而不是他那專橫、獨裁的行事作風。賈伯斯的優勢是大膽的追求創新，而他讓自己的優勢得到了充分的

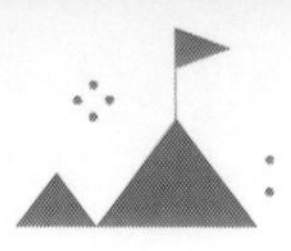

發揮，所以，他成功了。

對於每個人來說，自己的成長空間主要在於優勢領域，我們與其花大量的精力去彌補劣勢，倒不如把自己的優勢進行更進一步的利用和發揮。這樣一來，在花同樣的精力和時間裡，我們就能更容易的達到頂峰。

若想讓自己保持氣場，同樣也需要用優勢來彌補劣勢。所以，請我們從現在開始，找到自己的優勢並充分發揮吧。你的優勢和長處，會讓你更強大。

不斷汲取前進的動力，發揚往上看的精神

人生之路不平坦，難免遇到各式各樣的困難和挫折，而面對困境，逃避和消沉並不能解決問題，也不能讓自己過上幸福生活。而唯有以樂觀的陽光心態去面對挑戰，以積極的氣場以面對生活，拿出向上看的精神，這才能讓自己不斷前進。

一位作家的作品中有這樣一句話，不論肩上的擔子有多重，每個人都能堅持到夜晚的來臨，不論工作有多苦，每個人都能很甜美、很有耐心的活到夕陽西下，這其實就是生命的真諦。的確，我們就應該這樣去對待生活。

有一位叫麗芙的老太太，她對自己的生活曾一度感到極度頹喪，甚至都想自殺。

在剛剛步入四十歲的時候，自己的丈夫去世了，這讓她覺得自己的面臨了前所未有的困境，因

為她的經濟狀況不好。於是她便聯絡了自己以前的老闆，希望能重新回到自己以前的工作職位上。

從前，她靠推銷書籍過日子。在她丈夫生病的時候，她把自己的汽車賣掉後才勉強湊了一筆錢，用分期付款的方式買了一部舊車，又開始出去賣書。

她原本認為，自己再回去做事或許可以讓她擺脫當前的落魄。可是，想到要一個人駕車，要一個人吃飯，她的內心幾乎無法忍受。而且推銷書籍，有的區域簡直就很難做出什麼成績，自己雖然分期付款買了部舊車，可是欠款還是很難付清。

有一次，她來到了另外一個縣市，可是那裡的學校都很窮，幾乎沒有可以開發的客戶。她一個人又孤獨又沮喪，甚至覺得還不如自殺了之。她覺得自己的成功是不可能的，像現在這樣活著也沒有什麼希望。每天對她而言就像是一道難過的坎。她擔心的東西太多太多。擔心自己拿不出分期付款的車錢，擔心付不起房租，擔心有一天自己沒有足夠的東西可吃，擔心自己的健康狀況變壞而沒有錢去看醫生。

她唯一覺得自己可以繼續生存下去的理由就是，她擔心如果自己自殺了，姐姐會因此而很難過，而且如果自殺，她姐姐也沒有足夠的錢來安葬她……如此消極的觀念一直伴隨著她，讓她看不到生活中的任何光明。

有一次，她偶然間讀到了一篇文章，結果這篇文章讓她深受感染，她開始從消沉中振作起來。在那篇文章裡，有這樣一句話很讓她振奮：「對於一個聰明人而言，太陽每天都是新的。」她把這句話列印在了一張紙上，把它貼在了自己車子前面的擋風玻璃上。於是，只要她開車，就能看見

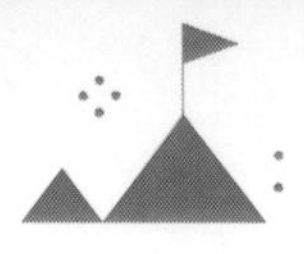

這句話。

結果，她漸漸發現，原來每次只活一天並不是件難事，就這樣，她漸漸學會了忘記過去。不去多想未來怎麼樣，每天早上都對自己說：「今天又是一個新的開始。」

結果，現在的她過得很快樂，那些沮喪和擔心再也沒有了。現在的她，也對生命充滿了熱忱和愛。

這一切的出現，都是氣場的轉變而產生的。因為她開始用積極的氣場來看待生活了，她明白，自己遇到困難的事情即使害怕也沒有用……這一切，都是向上看的精神，都讓她有了前進的動力。

我們在自己的生活中，既能碰到讓人興奮的事情，同樣也會碰到讓人消極和悲觀的事情，這是再自然不過的事了。可是，倘若我們始終想著那些不如意的事情，那就等於是往下看，這樣，自己終究會摔下去的。

所以，我們要讓自己腦海所想的、眼睛中所看的以及口中說的都盡量的朝向光明、樂觀和積極的事物靠攏，相信每天都是嶄新的，發揚向上看的精神，這樣就能讓自己在積極氣場的推動下活得更精彩。

拿得起放得下，幸福自然就會來

人生在世，有很多事情都是難以預料的，有著一件件讓人痛心的事情，如親人離去、生意失敗、失業等等，這些都給我們原本平靜的生活帶來陣陣漣漪。面對這些災難，有的人能泰然處之，而有的人就可能一蹶不振。

這是為什麼呢？因為前者能發揮出自己的積極氣場，他們對待事情拿得起放得下；而後者卻正好相反，當受到傷害之後，就會陷入在傷痛的深淵，讓消極的氣場充斥了自己的世界。

人生沒有只得到而不失去的時候，當一個人經歷了失去之後倘若對未來失去信心和希望，那還怎麼會在失去之後再得到呢？還怎麼會過得快樂幸福呢？

著名的松下電器的創始人——松下幸之助從九歲開始就去大阪做小夥計，後來，他的父親因病早逝，年僅十五歲的他就挑起了生活重擔。

當他二十二歲的時候，松下幸之助晉升為一家電燈公司的檢查員。就在這個時候，他發現自己患上了家族遺傳疾病。在他們的家族中，已經有九位家人因這種病在三十歲之前離開了人世。雖然在松下幸之助的面前沒有其他的退路，可正是這樣反而讓他對可能發生的事情有了充分的心理準備。於是他不斷調整心態，力求讓自己保持一顆平常心，讓自己保持旺盛的精力。就這樣，經過了一年的時間，他的身體變得結實起來，而且心態也越來越堅強。這種堅強的心態影響了他的一生。

在患病的這一年中，他改良插座的願望沒有實現，於是他便辭去了自己的工作，開始獨立經營插座生意。那個時候，正是第一次世界大戰，物價上漲很快，而他手中的資金也非常有限。雖然公司成立了，可是當時所做的產品是插座，銷量一點都上不去，這讓工廠的發展步履維艱，員工開始相繼離去，松下幸之助的處境非常糟糕。

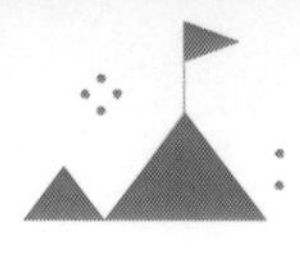

這些對他而言真是禍不單行，可是他把這一切都看成了自己創業的必然經歷，他鼓勵自己說，再多下點工夫，總會成功的！他相信，只要自己能堅持下去就會取得成功，就是對自己最好的報答。所以，他選擇了堅持。

就這樣一直堅持了六年，這時他的公司終於生產出了一批腳踏車前燈，這可是他的公司第一批像樣的產品。這才讓公司慢慢走出了困境。

一九二九年美國爆發了金融危機，後來金融危機的風暴很快就刮遍了全球，日本也未能倖免。成批成批的產品出現滯銷，庫存激增。一九四五年，日本的戰敗讓松下幸之助遇到了空前的危機，他變得幾乎一無所有，還拖欠了高達十億元的巨額債務，而且還款期限只有四年。為抗議美軍將他的公司定位為財閥，他曾經往美軍司令部跑了五十多次進行交涉。在他的堅持下，公司的慘澹的狀況後來終於漸漸出現了改變。

如今，經過了不斷的磨礪，松下電器公司已經成了聞名世界的電器品牌。

這些都與松下幸之助的積極氣場有著極其密切的關係。因為他始終都保持著堅強的鬥志，經歷了一次又一次的打擊，他依然能繼續前進。試想，當初松下幸之助得知自己患上了家族疾病，倘若那一刻的他將自己埋沒在悲傷之中而不思進取的話，他就不可能把自己創立松下電器，也不可能有松下電器今天的優異成績。

俗話說，人生不如意之事十之八九。生活中，我們經常都會遇到各種意想不到的事情，事實上這些事情本身並不可怕，可怕的是我們被這些事情牢牢纏住而無法自拔，不知道去改變自己的氣場，不知道應該儘早的以最新、最好的狀態去做接下來的事情。這是很可悲的。

人生沒有過不去的坎，沒有放不下的事，能拿得起，就能放得下。就算我們現在身無分文，但我們也可以從現在開始一點一滴的打拚。在人生的驚濤駭浪中去磨礪自己，漸漸的氣場有了，幸福也就來了。

給予是一種能產生快樂的力量

十幾年前，琇芬還小，那個時候，他的父親在鎮上開了修鞋店。每天下午放學以後，琇芬就會到父親的小店去幫忙。她的工作其實很簡單，就是將顧客送來的鞋貼上標籤，然後再將取鞋單據交給他們。

她父親的生意還不錯，顧客來來往往的。在這些顧客當中，有一個叫致明的人，琇芬很不喜歡這個人。

這個致明，一年四季不論什麼時候總是頭戴一頂黑色的帽子，穿著棕色的夾克，衣服的袖子已經有很多地方磨破了，而且看上去油膩膩的。致明白天在街上遊蕩，到了每天下午快要關門的時候，這時致明就會時不時的來向琇芬的父親要些小錢花花。這幾乎已經成了習慣。

一天，眼見琇芬父親的小店快到關門時間了。琇芬突然看見致明正在向他們的小店走來。琇芬看了看自己的錶，已經是五點三十分了。於是她急忙把門口的牌子從「營業」換成了「休息」，希

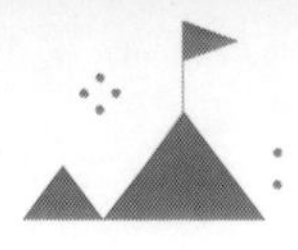

望致明看到後能止步，可是，致明並沒有在意這個，他還是推門走了進來。

他用那乾瘦的手扶了扶已經破爛了的帽子，然後走到了櫃檯前。這時琇芬可以看到他臉上深深的皺紋，而且，從他破爛的夾克中散發著陣陣難聞的氣味。他徑直走到了琇芬的父親跟前，然後用很低沉的聲音說：「最近我手頭有些緊張，我要給孩子買點吃的，你看能不能給我借些錢？」聽了她的話，琇芬的父親放下了手裡的工作，走向櫃檯，他們的錢箱就在櫃檯上放著。

父親打開了錢箱之後，從中拿了五百元遞給了致明。

「可別拿去喝酒啊，致明，」他對致明說道，「拿去給孩子們買點牛奶和麵包吃吧。」致明點了點頭，道了謝就出去了。父親也跟著走到了店門外，看見他的確是進了街道對面的商店。父親一直在外面站著，當他看見致明拿著牛奶和麵包從店裡走出來的時候，這才放下了心，轉身回到了自己的小店。

在父親的鞋店幫忙的那些年裡，這樣的情景琇芬不知都看見了多少次，她實在是看不慣，可是不知為什麼，父親竟然也不抱怨。琇芬心想，父親肯定從來都沒有收回過致明所「借」的錢。可是她一直沒有向父親問過這件事。

現在琇芬已長大了，父親也退休了，有一天，琇芬便問了她好久以來都想問的問題。

「爸爸，為什麼那時候你總是借錢給致明？你明明知道，每借給他一分錢，在他看來只是又多了一分酒錢。他這樣不勞而獲難道你看不出來嗎？這也太便宜他了吧？」

父親聽了琇芬的話後，先讓閨女坐下，然後說道：「我借給致明錢，就沒有期待他還錢給我。

其實我很早就決定，不借錢給他，而是直接給錢。雖然他說是借錢，但那是他的事。對我而言，這些錢我是作為禮物送給他的。」

父親接著說，「孩子，當我們在做好事的時候，不能總是想著要得到回報，這樣我們才會感到幸福和快樂。」

琇芬聽後覺得很詫異，沒想到父親竟然把這件事看得如此豁達。難怪從小父親就教育她，要學會給予，要多做好事……聽了父親的話，琇芬覺得父親的確很偉大，雖然讀的書並不多，可是給她教會了很多人生的道理。

琇芬的父親把給予看作是人生的快樂，所以他的生活過得快樂。

給予是一種能產生氣場能量的力量。當我們學會了給予，那就會不知不覺的讓別人身上的一些東西得到新生，而這種新生的東西同時又能給我們帶來一些新的希望，這個時候，我們的周圍就形成了一個強大而又積極的氣場。雖然它看不見又摸不著，但它的確是存在的，同時它也能對我們的人生產生影響。

我們真誠的給予會給他人帶來快樂，與此同時，我們也會得到別人的報答和恩惠，相信這時的我們也一定是快樂的。

當我們將愛給予他人，我們就會收獲愛的回報，當我們將快樂給予他人，我們就會收獲快樂的回報……在人生的這方沃土上，我們若播撒下了給予的種子，那將收獲到幸福的果實。我們不妨在生活中去試試，這樣，快樂的氣場就會和我們不離不棄。

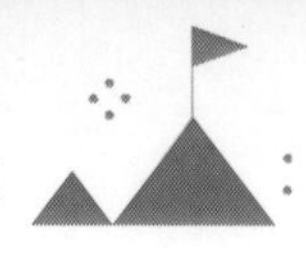

格局，成就精彩人生

阿基米德說：「給我一個支點，我可以撬起地球。」其實這句話是說，世界上並沒有無法控制的東西，我們的氣場也一樣，它是我們可以主動加強和控制的力量。當我們擴大了自己的人生格局，那就會逐漸改變自己的氣場。一個人的格局越大，那麼他的氣場能量就越大。

霍英東是香港著名的富豪，他頭頂多種光環，愛國實業家、傑出的社會活躍人士等等。他的成功，就是源於他的人生格局的影響。

幼年時，霍英東的家境貧寒，在他七歲之前，連鞋子都沒穿過。他所找到的第一份工作，是在渡輪上做加煤工人……家境的貧寒，是他來到人世之後面臨的第一個問題。後來，他靠著母親少許的積蓄開了一家雜貨店。當朝鮮戰爭爆發後，他覺得航運業有很大的發展前景，此後，便開始在商界嶄露頭角。

一九五四年，霍英東創辦了立信置業有限公司，他以「先出售後建築」的理念在香港的地產界逐漸成了產業巨頭。後來他的經營領域便不斷擴大，建築、航運、房地產、旅館、酒店、石油等都有涉及。

在商業上，霍英東如魚得水，而在如何做人上，他也深得真諦，他曾說「做人，關鍵是要問心無愧，要有本心，不要做傷天害理的事……」當成為富豪之後，霍英東一直沒有忘記回報社會。他在內地進行了大量的投資和捐贈，但對於這些，他卻自謙為「一滴水」：「我的捐款，其實就像大海裡的一滴水，作用是很小的，說不上是貢獻，這只是我的一份心意！」只有像他這樣擁有人生大格局的人，才能有如此博大的「一份心意」。

人生需要有格局，格局是什麼樣的，自己的氣場和命運就是什麼樣的。那些大人物的成功，都是由他們的人生格局鑄成的。因為他們當他們還是小人物的時候，他們就開始為自己規劃人生的大格局，霍英東的成功就證明了這個道理。

人生的格局會影響氣場，而氣場能促進成功，所以，我們認為，人生的格局有多大，自己的舞臺就會有多精彩。若想成功，就要擁有一個大格局。

一個人能夠做多大的事情，這是由他的氣場決定的。那些以自我為中心，沒有遠大志向的人，人生格局是很小的，他們即使碰見了重大的機遇、或者具有超常的能力，也很難做出一番傲人的成績。

著名的主持人陳文茜，在臺灣頗有影響力，她在臺灣的政界、商界和媒體界都是響噹噹的風雲人物。她之所以能做到在政壇上叱吒風雲，在生活上如魚得水，就是由於她的人生格局和一般的女人不同。因為她曾經說過這樣一句話：「人生最怕格局小」。在她的身上，體現出了許多女人所沒有的寬廣視野，也體現出了許多男人所沒有的膽識氣魄，同時現出了很多專家學者所沒有的睿智和擔當……這些，都來源於她那人生的大格局。

也許，我們曾經為自己的平庸無為感到很苦惱，也許我們曾經總是為別人取得的成就而感到驚嘆。其實，這些都沒有必要。我們要做的就是應該想一想自己身上有哪些小格局，反省一下自己是

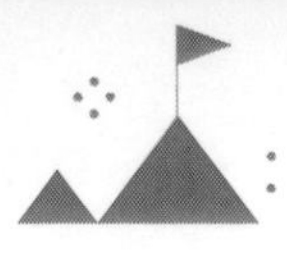

否具有一些大格局，比如，當我們被人誤會時，能否保持自己的寬宏大量；當我們遭遇不幸時，能否有足夠的堅強和樂觀；當我們面對困難時，能否敢於鼓起勇氣去挑戰。

倘若我們目前還沒有這些大格局，那就要注重去培養，這些才是成就強大氣場的必備，才是成就人生的必備。

形成王者氣場，讓自己看起來像個成功者

我們都知道百獸之王獅子，牠們之所以能在草原上稱霸，是因為它們擁有王者的氣場，敢於把比自己更大的動物當成獵物，敢於蔑視一切對手，敢於向牠們發起挑戰，不畏艱險，所以，牠們能成為百獸之王。

其實，對於人類而言也是同樣的道理。一個人若想成功，那就應該保持自己獨立的個性，而個性也是人生氣場的一種表現，在工作和生活的過程中，學習獅子的王者氣場，讓我們的個性的得到體現，將對我們事業的發展起到重大的推動作用。

當年，比爾蓋茲在讀中學的時候和自己的好友艾倫建立了「程式設計小組」，開始為當地的公司開發軟體。

經過一段時間的營運，艾倫企圖獨自承攬業務，這讓比爾蓋茲感到很氣憤，而且蓋茲還與艾倫發生了爭吵，並離開了公司。可是，艾倫很快就發現個性獨特的比爾蓋茲是不可缺少的，少了他公

司的競爭力就會下降很多。於是，他又邀請比爾蓋茲回來工作。

「我當然是可以回去的，」比爾蓋茲告訴艾倫說，但他有個條件，那就是公司必須由他來負責，而且還說，他會習慣當負責人的。從現在開始，和他打交道會很難，除非讓他來當負責人。後來，艾倫也沒有其他更好的辦法，只能依著比爾蓋茲，讓他做了負責人。

羅伯．格雷瑟曾經是微軟的一位經理，他說，在當初，自己很欽佩比爾蓋茲的遠見，可是，比爾蓋茲很無情，他信奉的是物競天擇，適者生存的原則，而不追求雙贏，總是想方設法讓別人失敗。在蓋茲的眼裡，成功的定義就是消滅競爭，而不是創造傑出。

對於這樣的觀點，比爾蓋茲也給出了自己的解釋：「倘若我不冷酷無情，那我們怎麼不斷推出更具創新性的軟體？我們寧願消滅競爭對手而不是培育市場，這是個徹頭徹尾的謊言。」比爾蓋茲說，「這個市場是誰培育出來的？是我們，是誰在和規模比我們大很多倍的公司攻擊中經受住了考驗？」他邊說邊指出了每位競爭對手，「他們的競爭手段和我們相比毫不遜色。我們能獲得成功就是因為我們雇用了最聰明的人。我們能及時根據使用者的回饋而改進產品，直到產品做得盡善盡美。我們在每年都要舉行研習會，思考世界會向哪個方向發展。」

信念和能量可以改變氣場，比爾蓋茲的與眾不同之處就是他擁有王者的信念和氣場，他的成功告訴我們，一個人要相信自己會成長為參大大樹，而不是草芥，要竭盡全力向高處攀爬，讓自己的氣場得到最大限度的發揮，只要努力提升自己的氣場，那就完全可以做到與眾不同。

氣場是一種能量，強大的氣場能夠感染和帶動周圍人群的情緒，讓他們的注意力不自覺的集中

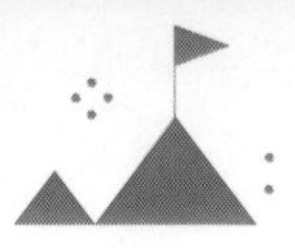

到擁有強氣場的人身上。

以職場為例，當今的職場競爭空前激烈，每個經理人都想讓自己在職場上擁有像國家籃球協會著名球星柯比．布萊恩那樣的超強人氣球員。而「人氣」就能讓更多人的目光對其聚焦，讓其成為職場上的紅人，倘若我們採用現在最流行的標準來衡量的話，那就是「氣場」。

高「人氣」其實都是由氣場所決定的。其實人人都有機會在一定的圈子或範圍內成為焦點，成功的關鍵就在於你是否有強大的氣場。柳傳志、潘石屹、王石……這些具有超強人氣的人，哪個不是業內的知名人士。他們之所以能成為業界的領頭羊，他們之所以身邊能有眾多的有為之士，這些都是強氣場作用的結果。

要獲得成功，就先要提升自己的氣場，讓自己擁有王者氣場這才能鶴立雞群。要按照自己的態度去面對生活，當我們對待生活的態度鮮明了，這才能擁有強大氣場。人們的工作狀態和人生方向總是受個人的氣場引導。王者氣場能賜予他無形的力量，讓他在人生的抉擇中選對道路，找對方法，成就一生。

智慧不是恩賜，它是勤奮努力的碩果

學習力，對打造我們的強氣場來說可謂是必要條件。我們透過學習，可以改變命運的氣場。任何一次的成功都和勤奮是分不開的，成功在於勤奮。智慧並不是自然的恩賜，它是勤奮努力的碩果。

勤奮可以達到點石成金的效力。那些出類拔萃的人物、那些將勤奮奉為金科玉律的人們，將讓人類從他們的工作中廣受裨益。而做事拖拖拉拉，這就為走向成功增添了一道障礙，因為它能分散一個人的精力甚至磨滅一個人的雄心，讓我們只能去被動的接受命運的安排，從而喪失主宰自己生活的能力。

走向成功的道路，其實勤奮可謂是最短也最有效的途徑。生活中，有不少人都透過閱讀各種書籍去探尋如何成功，而到了最後他們會發現原來成功的技巧就在自己的身邊，那就是——做任何事，我們都要拿出勤奮和執著，要透過自己不斷的勤奮工作和努力學習，從中領悟因自己的勤奮而激發出的靈感，這能改變我們的命運，也能改變我們的氣場，從而讓我們走過艱難險阻，到達成功的高峰。

著名化學家李遠哲是臺灣唯一一位獲得諾貝爾化學獎的人，他曾經說過，自己的經驗就是每做一件事都要比別人多做百分之五，這樣連續做一百件事情後，就會遠遠超過別人。李遠哲的這句話，說得就是做事要勤奮，勤奮出碩果的道理。

一個人如果覺得自己天生就是奇才，覺得對他而言所有的一切都會順理成章的得到，這的確可謂是天大之大不幸。一旦有這樣的錯覺，那就一定要趁早放棄。一切自己想得到的東西，都有勤勉的工作才能獲得，在有助於成長的所有因素中，勤奮的功效是最大的，只有不斷的勤奮學習，才能改變我們的氣場。

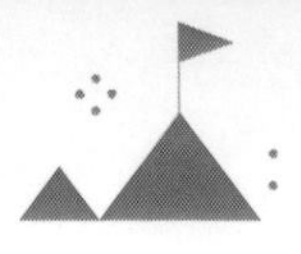

古語云：天道酬勤。人生的命運總是掌握在那些勤勤懇懇工作、學習的人手中。曾經有人問魯迅先生，他那如此淵博的知識是靠什麼得到的？他回答說：「我只是把別人喝咖啡的時間用在了讀書上。」

當年，魯迅曾經在南京江南水師學堂讀書，那時的他，考試成績優異，因此學校給了他一枚金質獎章作為獎勵。但是他並沒有戴這個獎章，沒有把它作為炫耀自己的憑證，而是把它拿到街上賣了，用賣到的錢買了幾本心愛的書和一串紅辣椒。當他讀書讀到夜深人靜、天寒疲睏的時候，這串紅辣椒就發揮作用了，他會摘下一個辣椒，分成幾片，然後放進嘴裡咀嚼，直到辣得他額頭冒汗，眼裡流淚，這個時候由於辣椒的刺激，他會全身發暖，而且睏意也會隨之消除，於是他就又開始讀書了。

魯迅先生養成了勤奮的學習習慣，所以他獲取了豐富的知識，這些都為日後他成為一代大文豪奠定了堅實的基礎。魯迅先生還說過：「偉大的成績和辛勤工作是成正比的，有一分工作就有一分收穫，日積月累，從少到多，奇蹟就可以創造出來。」

所以，無數成功人士的事實證明，成功來自勤奮，成功在於勤奮的真理。當我們抓住了勤奮這支槳，才能將人生之船划到成功的對岸。

人人的心中都會有一個美好的理想。可是，要讓這個理想變成現實，必然少不了勤奮這條紐帶。勤奮學習，可以增長我們的知識，豐富我們的閱歷，給我們的氣場能量增添活力。

成功人士手中的鮮花都是用他們的汗水和心血澆灌出來的。因為他們懂得堅持勤奮學習，懂得不恥下問，勇於向失敗挑戰，所以，最後的成功必然是他們的。所以，我們要記住，學習力對打造強氣場是強有力的保證，是改變命運氣場的動力之源。

發揮氣場的力量，從而鎮住對手

生活中，當兩個人相遇的時候，他們的不同氣場我們都能直覺的感覺到，哪個人的氣場很強，哪個人氣場較弱，都非常明顯。當我們在追求成功的過程中，必然會面對各種不同競爭對手，這時我們需要用自己強大的氣場鎮住對手，至少要讓對方覺得我們不是很容易就能被他所超越的。

英國前首相邱吉爾的個人氣場就很強，而且他從來都是一個毫無顧忌的運用自我氣場的人。在一次去美國訪問期間，他應邀赴宴，席間他對女主人說：「我能吃雞胸肉嗎？」女主人當時就覺得邱吉爾說話有所失禮，就對他說：「我們習慣把『胸脯』的肉叫做『白肉』。」邱吉爾馬上彬彬有禮的對自己的失誤表示了歉意。可是過了幾天後，女主人就收到了邱吉爾讓人送來的鮮花，同時還在隨花卡片上寫了這樣一句話：「倘若你願意把花朵別在你的『白肉』上，那我將會感到莫大的榮幸。」這句話將邱吉爾那種好鬥、不願意委曲自己的個性和他那難以抑制的率真表現得淋漓盡致，想必女主人看到這句話的時候，她的氣場會本能的告訴她：邱吉爾這傢伙不好惹。

邱吉爾擁有如此強大的氣場，他也有自己的偶像，那就是拿破崙。他對拿破崙特別崇拜，這一點，邱吉爾的每一位同事都能感覺到。去好萊塢考察的時候，邱吉爾結識了著名的電影藝術家卓別

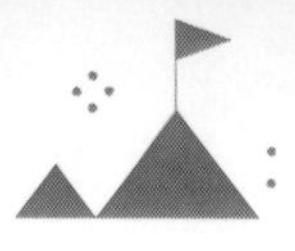

林。當時他很希望卓別林能夠扮演拿破崙，而且還準備寫一個以拿破崙為主題的電影劇本打算讓卓別林來演。

邱吉爾在當英國海軍大臣的時候，人們總能從他的辦公桌看到一尊拿破崙的雕像。所以，人們不難從他的性格和言行中找到拿破崙的影子，所以，當時就有人這樣評價邱吉爾「他以為他真的是拿破崙。」、「他經常擺出一副高傲的拿破崙式的姿態。」等等。邱吉爾用自己的強氣場給人們展示了他的強悍。

倘若我們擁有能量充沛、富於進攻性的氣場，那就能讓我們在和對手周旋的過程中體現出優勢，從而得到勝利的可能，當然這也不是勝利的絕對保證。所以，我們也不能自視過高，否則，這樣的舉動就可能會遮蔽我們的雙眼，對於我們更恰當的運用自己的氣場造成障礙，要記住，就算孫悟空的跟頭翻得再快，他也出不了如來佛的手掌心。

像邱吉爾這樣強勢的的人同樣會和拿破崙一樣遭遇滑鐵盧。他那英國式自尊自大在雅爾達會議期間遇到了真正的對手——蘇聯領導人史達林。當每次在「三巨頭」舉行會議的時候，史達林總是遲到十幾分鐘，而且當他走進會議室的時候，美國的羅斯福總統和邱吉爾總是起立迎接。當時羅斯福並不在乎這些小節，可是氣場敏感度更強的邱吉爾實在是忍無可忍了。於是，他便和羅斯福約定，在第二天開會的時候晚來十五分鐘。

可是誰知，在第二天開會的時候史達林竟然遲到了半個小時，結果還是羅斯福和邱吉爾兩個人等史達林。於是，邱吉爾便對羅斯福說：「今天當他進來的時候，我們倆就別站起來了。」當史達林領著他的將軍們走了進來時，他看到羅斯福和邱吉爾並沒有像往常一樣起立迎接他，這時史達林便很驚奇的放慢了腳步，用疑惑的眼神直盯著羅斯福和邱吉爾。世界上氣場最強的人中的這三人，面面相覷，我們可以想像到在場的其他人都可能感受到空氣中的能量波動。最後，還是羅斯福和邱吉爾沒有招架住，不由自主的站起來迎接了史達林。史達林臉上終於浮現出了滿意的笑容……

史達林用自己的氣場折服了邱吉爾這位高傲的英國「拿破崙」。這些事例告訴我們，在和競爭對手的博弈中，誰能用自己的氣場鎮住對方，誰勝出的可能性就越大。

電子書購買

國家圖書館出版品預行編目資料

焦點力：吸引力法則 X 畢馬龍效應 X 心理暗示，打造迷人氣場的 11 堂練習課 / 林庭峰著 . -- 第一版 . -- 臺北市：崧燁文化事業有限公司，2021.10

面；　公分

POD 版

ISBN 978-986-516-856-8(平裝)

1. 吸引力 2. 人際關係 3. 成功法

177.3　　110015276

焦點力：吸引力法則╳畢馬龍效應╳心理暗示，打造迷人氣場的 11 堂練習課

臉書

作　　者：林庭峰

發 行 人：黃振庭

出 版 者：崧燁文化事業有限公司

發 行 者：崧燁文化事業有限公司

E-mail：sonbookservice@gmail.com

粉 絲 頁：https://www.facebook.com/sonbookss/

網　　址：https://sonbook.net/

地　　址：台北市中正區重慶南路一段六十一號八樓 815 室

Rm. 815, 8F., No.61, Sec. 1, Chongqing S. Rd., Zhongzheng Dist., Taipei City 100, Taiwan (R.O.C)

電　　話：(02)2370-3310　　傳　　真：(02) 2388-1990

印　　刷：京峯彩色印刷有限公司（京峰數位）

定　　價：370 元

發行日期：2021 年 10 月第一版

◎本書以 POD 印製